# 活色嚴復

YAN FU
A
LITERARY
IMAGE

陈美者 著

海峡出版发行集团
福建人民出版社

图书在版编目（CIP）数据

活色严复 / 陈美者著 .-- 福州：福建人民出版社，2019.7（2019.12 重印）

ISBN 978-7-211-08146-2

Ⅰ . ①活… Ⅱ . ①陈… Ⅲ . ①严复（1853—1921）—人物研究 Ⅳ . ① K825.1

中国版本图书馆 CIP 数据核字（2019）第 078631 号

封面题字：陈　涛

**活色严复**

HUOSE YANFU

作　　者：陈美者

责任编辑：陶　璐　　美术编辑：王　玮

出版发行：福建人民出版社　　电　　话：0591-87533169（发行部）

网　　址：http://www.fjpph.com　　电子邮箱：fjpph7211@126.com

地　　址：福州市东水路 76 号　　邮政编码：350001

经　　销：福建新华发行（集团）有限责任公司

印　　刷：福州报业鸿升印刷有限责任公司

地　　址：福州市仓山区建新北路 151 号

开　　本：787 毫米 ×1092 毫米　1/32

印　　张：5

字　　数：69 千字

版　　次：2019 年 7 月第 1 版　　印　次：2019 年 12 月第 2 次印刷

书　　号：ISBN 978-7-211-08146-2

定　　价：30.00 元

# 写作与同情

挫败感折磨了严复一生，也穿过百年时光，折磨着那个试图走进严复世界的人。

我不曾想，在美者笔下，严复竟会活得这般不如意。几年前，我读了一篇文章，了解过严复的科举失败史。但那也只是在一个具体方面说说严复的不走运，在世人眼中，实在无损于他的得意人生。严复是挤进了历史圣殿的人，是有故居可以挂牌的人，是被成群结队的游客瞻仰着的人，我们怎么可能想象，他这一生都被挫败感缠绕着呢？据我所知，美者写过一稿，不满意，又重写一稿。我未曾见过第一稿，但我想，那里面的严复或许是另外一种生命风景吧？就像我们在传记作品中读过的许多历史人物，几乎都活在同一种人生模式里——在风雨泥泞中砥砺奋进，最终开拓出一种昂扬励志的生命境界。

不去想美者最初是如何写严复的了。她最终呈现给我们的，确凿无疑是一个无法摆脱挫败感的严复。数次科考失利，暂且不说了，许多人都知道，那是严复早年的耻辱，和一生的心病。但是到了晚年，严复总该是有许多得意事可以显摆的。当他在1918年回故乡阳岐时，本该是一副达人荣归故里的气派，可是没有。回顾一生，家累和国忧齐涌心头，严复竟被淹没在一种遗世情绪中。第一章《行香尚书庙》，美者站在阳岐村这个地理坐标上写严复的家累、国忧和科举之殇，区区万字写尽了严复一生的不得意。但她没有就此打住，到了第二章《风起马头江》，以马尾船政为地理坐标写严复在海军、教育和翻译三个领域的经历，本可以让严复得意一些的，结果照样是沮丧，用美者的话说，就像是一手好牌被打烂了。这一番梳理下来，似乎再无伤心事可写了。但是到了第三章《夕照郎官巷》，美者站在一个名流云集的地理坐标上，却听出了严复内心忧伤的交响。郎官巷是福州三坊七巷之一巷，我时常遇见一队队游客站在严复故居的门前，听导游滔滔不绝讲述一个欣欣向荣的严复，丝毫没有美者笔下的失意和感伤。大概没有其他人会如美者这般，将严复的挫败感写到这份上了。我发现，美者笔下的严复，竟是一个没有笑容的人。我想严复一定是笑过的，在被船政学堂录取时，在抱得美人归时，在日进斗金时，在与友人畅叙时。然而，所有与辉煌相遇时发出的笑，都已烟消云散了，只剩一副凝重而忧伤的面孔。

似乎是存心的，美者不想让严复过上好日子。可仔细想想，又不是这样的。

我隐隐觉得，倘若不是隔着遥远时光，美者多半不会对严复产生兴趣。大体来说，严复理性有余，却少了点感性浪漫的生气。他热心于功名和时事，专注于实用之学，早期以进化论思想为时代演进推波助澜，后期则求诸中式传统，试图力挽时代狂澜。这样的人，不能不说伟大，却将现实世界拥抱得太紧，显得有些无趣，不大可能引起美者的精神共鸣。我读过美者的生活散文，大体印象如下：感觉至上，总能在日常生活的紧张间隙里发现诗性之光。这样的美者，自然与过于理性的严复不太相称。若在同一时空，两个人对话起来，估计是要冷场的。我只能这么想，美者走进严复的世界，是一种误会，也是一次例外。她只能以自己的眼光来打量严复，却意外卸下了附加在严复身上的各种概念标签，让他重现出一点常人的活色来。西学第一人还在，北京大学第一任校长还在，袁世凯的幕僚也还在，但美者将有着这些身份的严复拉回到人间烟火中来，让他在柴米油盐中奔波着，在家国动荡中煎熬着。第一章第一节写严复的家累，第三章第一节写严复居无定所，不能不说是美者的独特敏感。她从最日常的饮食起居中看到了严复人生虐心的真实。今天我们走进严复故居，多半只会遥想当年，严复是如何一等风流人物，又怎知他一生求个安稳居所而不得呢？杰出人物往往被各种概念打扮得光鲜亮丽，似乎真如中国人挂在口头上的那句好话——万事如意了。但是回到常人层面，总是十之八九不如意的。严复如此，美者或许也是这般。

当我读完这部书稿，我告诉美者，我想从同情的角度来谈谈她的这次写作。她似乎觉得不妥，问我，她有什么资格对一个历史大人物表示同情呢？我未做解释。

我知道，今人理解的同情，是一种道德安抚，是优越者对弱势者的怜悯和关怀。而我说的同情，不过是一种朴素眼光。它回到了初始语义，用来表示一个写作者感知世界的基本态度和方法——人同此情。

读《活色严复》，我分明看到，一种同情心照见了严复，也照见了走进严复世界的那个人。生活中的美者也常有笑对人事的时候，但那也只是表面的真实。内在真实的美者，或许竟如她笔下的严复，是一个被人生埋没了笑意的人。她大抵也是充满了挫败感的，却无宏大的人生叙事可做注脚。唯有从她的生活散文里，我们可以隐约读到她对平庸现实的不满，和与世界无可和解的冲突。

从同情心出发看严复一生，其命运转折的关键节点发生在袁世凯称帝失败之后。这是严复仕途的终结，也是他治世理想的破灭。美者多次写到了这个转折点，看似一种重复，在情感逻辑上却是一种无心的自觉。现在看来，严复晚年的悲情，早已是被这个转折点注定了的。今天我们把严复定位成一个思想家、翻译家和教育家，看到了他的不朽功业，然而回到当时，这些都只不过是严复无心插柳得来的，而他真正在意的，却是求而不得的现实治用和现世功名。杜甫曾经心疼李白不得志，在诗中说道：千秋万岁名，寂寞身后事。这话其实也适用在严复身上。严复之名，或许不负千秋万岁，但是朝他身后看去，却是寂寞的影子。这种寂寞跨越时空，百年之后凝成心事絮语，回响在一个同情者的内心里。在第二章，美者重点写严复在海军、教育和翻译三个领域的经历和成就。说起来，这部分内容是学术界研究得最透彻的，也是大家最熟悉的。美者再写这些，真有点拾人牙慧了。我通读书稿，就觉得这部分最为刻板和无趣，像讲解员历数一个名人的重大成就。但是写严复，这些生命历程又是无法越过的。美者其实面临着一个巨大挑战。好在行文到第三节，写到严复的翻译事业时，一笔神来，陡然翻转了第二章的平庸局面。美者用了几千字篇幅描述严复从事翻译的始末，使我们顿然明白，严复实则是因治世心切，却又无从着手，才投入到这项事业中来的。而当政治理想最终破灭时，严复对自己的翻译事业也就颇为怀疑，竟然把它说成是东抹西涂、妄窃名誉之举了。简单点说，挫败感意外成就了严复的翻译，而翻译终究还是加深了严复的挫败感。这可真是与众不同的发现啊。倘若不是因为怀有一种同情心，美者写到严复的翻译，估计也只能人云亦云，重弹信、达、雅之类的老调了。

然而这个带着一身晦气的严复，多少显得有些可疑。他被一种灰暗情绪笼罩着，成了一种主观的存在。真实的严复，总不至于是这样的吧？

可是真实的严复在哪里呢？

真实的严复只有一个，但他已消融在特定时空之中，不可重现。实证性写作试图通过见证和逻辑，无限接近这个唯一真实。但文学创作不应抱有这种野心。文学是承认昨日不可重现的，由此生成了看待过去的独特方法。崔护两次到访长安南郊一个村庄，见景生情，写了一首极有口碑的《题都城南庄》。当他写下第一句——去年今日此门中，人面桃花相映红——虽有些动人诗意，但终究还只是停留在故事层面。一俟写出下句——人面不知何处去，桃花依旧笑春风——故事转化成文学，诗性光芒就散发出来了。欧阳修有一首词，写元宵之夜，上阕流传极广——去年元夜时，花市灯如昼。月上柳梢头，人约黄昏后——倘若没有下文，这两句不过是文雅一点的俗段子罢了，算不得真正的文学。只有领会了下阕的妙处——今年元夜时，月与灯依旧。不见去年人，泪湿春衫袖——我们才算接受了文学的教育。我从中得到了教益，明白在现实世界无可挽回时，文学便诞生了。张岱写前朝梦忆，曹雪芹写大观园，白先勇写台北人，有着如此穿透人心的力量，或许正是因为他们失去了一个现实的世界，又以同情心创造了一个精神的世界。而那些能够将现实世界牢牢抱住的人，固然可以洋洋得意，可以舞文弄墨，可以附庸风雅，但他们终究腾不出一只手来，推开文学这扇窄门。

我读美者写老家往事的系列散文，总能看见那种在生命流沙中生成的诗性。但现在，美者需要面对的，是一个与其个人记忆没有直接关联的生命世界。当她带着同情心走进这个世界，那个唯一真实的严复已消失，无数个局部真实的严复却复活了。美者并没有效仿多数传记作品，以线性时间来安排写作，从而避免了走进唯一真实的死胡同。她以一个个地标为想象起点，将严复的个人史从线性时间中解放出来，重构一个具有立体时空感的生命世界。就如一幢层次繁复的建筑，外围有多个入口标识，每进一个入口，我们都能遇见一个严复，似曾相识，又不尽相同。有多少个地标被书写，就有多少个严复在复活。每写一个严复，都是一次同情的抵达。每一次抵达，都意味着踏进一个凝聚着历史魂魄的地标，与一个熟悉的陌生人相遇。

同情是一种诗性智慧，隐含着非凡的想象和洞见。我由此判断，美者是以真正的文学手法来写严复的，自然不同于一般的传记作品。严格说来，以文学的方法来重构严复的生命世界，是不太可能的。一则严复的时代离我们不远，尚未生成时空距离以供我们重新演绎历史。二来严复的生命世界填满了各种实证性史料，失去了传奇性。“活色严复”难写啊。倘若有人像罗贯中写曹操一样重构严复形象，恐怕是要被唾沫星子淹死的。我似乎看到了美者的压力。她努力搜集源头资料，将书籍高高叠起，埋下头去，一丝不苟做笔记，生怕哪里不实，被抓住了把柄。我倒不反对这个实证劲儿。然而面对史料和逻辑，美者多少显出几分拘束，甚至牺牲了诗性。她毕竟还是感觉至上的，面对失去了血肉和细节的史料，内心并不感到十分贴近。我说美者走进严复的世界是一种误会，也是一次例外，实则还有另外一层意思——大概她对“活色严复”之难写，事先不曾有过充分估计。

文学批评家李长之写过一本有关李白的小书，用了一个有趣的书名——道教徒的诗人李白及其痛苦。世人印象中，李白不是浪漫洒脱的嘛，何以在李长之笔下变成了痛苦的形象？这般理解一个诗人，经得起考证吗？李长之在自序中说道，考证固然重要，但同样重要的，或许也是更重要的，则是同情——深入诗人内心世界，去体悟，去吟味。李长之是真正的批评家啊！他用纯正的文学眼光，来看待文学中的关键问题，写出来的文章自然也是让人感到真切的。美者似无做个批评家的志向，走进严复的世界，或许真是个意外，但是通过这次写作，她恰好显示了天生拥有的，那种被李长之认为更重要的文学眼光——同情。

一个人通过一次写作，发现了一点自己，就是了不起的收获了。

曾念长

2019年2月25日

# 目录

# 第一章

# 行香尚书庙

# 一

1918年的一个冬日，寒意袭人，阔别家乡二十五年的严复归来，回到福州阳岐。

不知当夜他是否成眠。或许是听着风摇木窗、雨落天井，时不时咳嗽，起身服用药膏一匙再去卧床，或抽一口水烟，就有一团雾气升腾，于这幽深光影中，看见少年往事历历。

那年盛夏，福州被霍乱的阴影笼罩，生命凋零，城里城外飘散着痛哭与恐慌。父亲严振先，在南台行医多年，常常免去穷人的医药费，颇受乡亲爱戴。在这次霍乱流行时，父亲忙着探访、救治病人，往往是匆匆收好药箱就又赶往下一家，结果，父亲自己也被感染，就此病倒，没多久竟辞世了。

那年，严复十四岁。父亲猝然逝世，给严家带来深切悲痛之余，生活秩序也完全被打乱。父亲行医为生，名气不小，但他一生散财，偶尔也赌博解闷，家中竟是毫无积蓄。严复再也不能像以前那样手捧四书五经，期待有朝一日金榜题名。他和家人，甚至连一日三餐都无着落。

南台是待不下去了。阳岐老家那边还有祖厝，或许可以栖身。办好父亲的后事，收拾好东西，严复与母亲、新婚妻子，还有两个妹妹，惶惶然坐渡船从苍霞洲回阳岐老家。

阳岐严家祖屋“大夫第”坐落在阳岐浦边，乃先祖严怀英入闽时所建。这是一座颇为宏阔的两进老宅。但当严复一家拎着包裹，站在家门口时，却发现偌大的院落早已住满族人。大家望来望去，竟腾不出一间房给他们，后来总算清空两个杂物间，供严复一家安顿。严格来说，严复在家族里是长孙，理应住在厢房，但他没有多说什么。

栖身之地好歹有了，日子却过得一截一截的。没有收入，家人靠做女红、缝纫维持生计。许多年后，严复忆及当年生活，辛酸难掩：

富贵生死间，饱阅亲知态。门户支已难，往往遭无赖。

所幸，回阳岐老家的第二年，严复就考上马尾船政学堂，从此改写命运轨迹。他以优异成绩从学堂毕业，留学英国，回国后在马尾船政学堂任教短短数月，即于1880年被李鸿章调到天津水师学堂。大约三年后，严复把母亲、妻子和儿子也接到天津一同生活。一家人总算熬过艰难岁月，不必再蜗居于祖屋的杂物间。可惜，妻子王氏在天津生活了十年左右就病逝，去世时年仅三十九岁。严复怀念这位贤淑的妻子，在万事懒怠的晚年，还为她抄写《金刚经》。

妻子去世后，严复纳江莺娘为妾。

江莺娘容貌俏丽，算命先生说她只有给人当偏房，方能保平安，父母便将她嫁给严复为妾。成亲后，她几乎不开口，也不出门，看书、写字、做针线活……不管做什么，都提不起精神，终日一副倦怠的样子，大多时候闷坐卧床。江莺娘可能是有几分傲气，又或是面对一个年长她二十五岁的人无话可说吧。

这种日子对严复来说，或许无趣，但还算平静。可惜也难以继续。江莺娘越来越孤冷，经常闭目独坐，无故自笑。在她反复离家出走后，严复终于不肯再和她一起生活。后来，江莺娘搬到石驸马大街，严复曾前去探望，两人还是言语不合。严复被这段婚姻折腾得够呛，自称是前生业债。气话归气话，江莺娘的生活费，严复一个月都没落下，还时常挂念于心，在家书中问及她的病情。

严复第二任妻子叫朱明丽。当年，严复的译著《天演论》产生巨大影响时，严复本人也被赋予光环，赢得了诸多赞赏和敬慕的目光。这其中，就有朱明丽的。朱明丽的家庭出身应该还不错，她通晓英文，还有一个毕业于美国哈佛大学的弟弟。据说，朱明丽曾豪爽地放言，嫁人就要嫁严复这样的人。后来两人果真相识相恋，成就了一段才子佳人的故事。

写下这一花边的，是严复的好友郑孝胥。郑孝胥有写日记的习惯，五十六年未曾间断，而且颇为详细。郑严两人交往多年，“严又陵”“严幼陵”的名字一度频繁出现在郑的日记中。又陵、幼陵皆是严复的字。郑孝胥在1900年4月18日提到严复此次婚讯，颇替严复感到高兴。

我曾带着激动的心情，去读严复写给朱明丽的信，浪漫幻想却多少有些破灭。从信中看来，严复大多时间奔波在外，家里大小事情都靠朱明丽打理。两人交谈的内容，逃不出中年夫妻的样子，主要就是钱款和家事。严复给朱明丽定下规矩，收到汇款后要立即回信，有时他还要查看朱明丽的账本。他交代夫人，无事的话，晚上早早关门睡觉，不要接见外人。严复有吃药膏的习惯，每逢外出，药膏所剩不多时，就急急催促夫人快快熬好寄来。有一回，朱明丽为严复只给江莺娘的女儿吃西洋参而不高兴，严复还认真地做了一番解释和开导。

此时的严家，已然发展成为一个大家庭，严复有一妻、一妾，还有五个儿子、四个女儿。教养子女，是严复生活中很重要的部分。

他会像平常的老父亲一样唠叨孩子：在学校要吃好，饭菜不好就自己添，不要担心用钱……他也会给孩子特别的教诲，叮嘱他们：处世要爱惜名誉，但不能过分注重外界评价，以至于失去自由之心；小孩子顽劣也还好，千万不要暴戾；在人前少发议论，多听闻默识，褒贬评价他人尤其要谨慎……

有一次，三子严琥参与抵制日货，严复极不赞同。他告诉儿子，随俗迁流实在不是严家人该做的事，如今我和你母亲都伤心极了。

严复前后共生了五个儿子，最小的叫严玷，即严复口中的“小五”。严玷年幼、顽皮，严复却不宠溺他，也像对其他几个大孩子一样，专门写信给他，和他说些家事。不过严玷毕竟还小，严复哄他说，一定要听话学好，不然就不疼他了。

在子女学业上，严复也有自己的精心安排：幼年时，为他们专门请来教师，到家里来上国学；十四岁后，让孩子放手研究西学，一切新学都看原著，不用译本；而后根据时机和财力，送他们出国留学，八年后毕业。至于选择何种学科行业，则依孩子性格喜好，严复并不做特别要求。

严复对家庭的重视有回报，严家后人都颇为不俗：

长子严璩，留学英国，任职京师大学堂译书局，后历任驻法参赞、越南视察吏、财政部次长等职。上海沦陷时，严璩拒绝出任伪财政部长，后在贫病中去世。

三子严琥，与严复最为亲近，曾是福建协和大学教授、文学院院长，后任福州市副市长。

长孙女严倚云为南加州大学、西雅图华盛顿大学教授，夫婿高叔哿是一位天体物理学教授。

三孙女严倬云，是台湾首任海峡交流基金会董事长辜振甫的夫人。

四孙女严停云是作家。

长孙严侨，早年加入中国共产党，受命前往台湾。20世纪50年代初，他在台湾任教时，有一个学生，名叫李敖。李敖写过一篇《我的老师严侨》，他在这篇文章中说："严氏一门，正是中国现代史上最好的家传资料。"近代福州的几大名门望族中，严氏算一族，但与其他望族不同，严氏家族是在严复手上发展起来的。这或许也可见严复教养子女的用心。

除了自己的孩子，严复对外甥女何纫兰也疼爱有加。

何纫兰的母亲，严复的妹妹，小产去世时，何纫兰才三岁。严复于心不忍，就将何纫兰领到身边，一手带大。严复经常给何纫兰零花钱，让她买衣料、买绒纱、买书，有时也不管买什么，就是要多给她零用钱，十元、五十元，甚至二百元。二百元在当时算是一大笔钱。何纫兰就读于上海中西女塾时，严复叮嘱妻子朱明丽，大小姐放学时如果过来，要为她做点牛肉、鸡汤之类的补身子。这一称呼也可见严复将兰儿视如己出。严复还抽空到学校看她，甚至为了她到校长家里走动。

严复一方面担心何纫兰身体不好，不敢让她太用功；另一方面又期望她有所进步，最好一日千里。他叮嘱兰儿，作字不可偷懒，要用毛笔写，执笔讲究指实掌虚；他还抽空到琉璃厂，寻觅字帖供兰儿临池；读到好诗时，也想着等兰儿回来，可以为她讲解一番。何纫兰终于长大嫁人了，严复还继续牵挂，担心她在婆家受气。他叮咛兰儿，要与家人和善相处，珍重起居，讲究饮食，不要贪图一时口欲，将来留下病根。何纫兰的信没有如期到来，严复会觉得十分难熬。随着年纪越来越大，严复时常坐在令人憋闷的公寓里，一个人发呆，静静回想兰儿在身旁时的天伦之乐。

见过一张严复与何纫兰的合影，摄于1908年。照片中，严复肃然端坐，何纫兰亭亭而立，两人气场相投，一眼望去，像极一对父女。仔细端详照片中的何纫兰，

①｜②/③

① 1909—1910年间留影

② 与夫人朱明丽合影（1917年）

③ 与外甥女何纫兰合影（1908年）

秀丽，端庄，但还真看不出严复所说的——女子天姿容表能有何纫兰这样的太少了——严复毕竟是在夸自家孩子。

教育之外，严复还为子女操心婚姻。

严复一点不羡慕西方的婚恋观，认为还是中国的传统好。中国数千年文明，就是敬重女贞，男子娶妻为的是承祭祀、事二亲、延嗣续；如果按照新法，纯粹为爱情肉欲而结合，近乎禽兽。在这点上，严复是很固执的。严复挚友吕增祥的长子吕伯远要娶新式女子为妻，严复颇为反对，说娶妻嘛，最重要的是能相夫教子，侍奉双亲，操持门户，可不要光顾排场，以后过日子是要受苦的。

他在晚年和熊纯如书信往来密切。熊纯如牵线侄子，清华大学学生熊洛生（正瑾），与严复的大女儿香严（严瑸）联姻。研究过洛生的照片、生辰八字、英文水平、中文功底后，严复对他甚是满意，就把这个女婿人选告诉香严。香严只说父母做主就好。严复琢磨她的意思，多半是同意的，这桩婚事就算是基本定下。

如若不出差池，香严也就这样嫁给从未谋面的熊洛生了。谁知洛生提出，要先和香严接触，如果真的两情相悦，到时再订婚约也不迟。

对于这一提议，严复坚决拒绝，过后还愤愤不平。在严复看来，这种新式做法实在不成体统，要是双方接触之后不成，岂不有伤自家女儿的名誉，惹来外人非议。洛生碰了一鼻子灰，想必也对严复的反应大感意外——以西学名闻天下的严复，根本就不理会西方那套婚恋风俗。好在婚事并未受影响，之后洛生依旧与香严订婚。严复很欣慰，女儿香严终身大事已定，有个好归宿。他对洛生寄予厚望，此人气质极佳，留学几年回来，当有一番事业。

不料，几年后洛生的一封来信，让严复心念俱灰。洛生希望严复同意让香严也到美国，同他一起留学。严复再次断然拒绝。洛生很不甘心，回信中流露出指责严复固执之意。严复不愿妥协，认为言尽于此，不必再提。香严后来终身未嫁。

长子严璩和三子严琥的婚姻也不是很尽如人意，但他们又会透露多少实情给严复呢？很有可能，严复并不知道。严复只知道，自己作为一家之长，理应承担起大事小情。这种责任感，也同样贯穿在他对待族人的态度中。

少年严复在阳岐老家的祖宅度过了一段艰辛岁月。他在一首诗里回忆道："我生十四龄，阿父即见背。……富贵生死间，饱阅亲知态。"当年，严复的父亲突然病逝，严复和母亲、两个妹妹、新婚的妻子，蜗居于祖宅旁的两个杂物间，没有经济来源，靠家中女眷缝补浆洗勉强维生。门户难支，族人并无多少关照，夜里严复会隐隐听到母亲的啜泣声。

少年时的不幸经历没有影响严复的亲情观念。严复学成归国后，和堂兄弟保持亲密往来。到天津任职不久，他为照顾堂兄严观涛的生计，曾将护送闽地学生来津的差事交给他。因为堂兄从未经手过这类差事，严复在信中细细关照，告诉他如何应对各种情况，就连不必特意花钱添置衣服这样的事都嘱咐了。和堂弟严观澜更是书信往来频频，严复一搬家便告知天津新家具体位置，说就在法租界德威尼寓旁胡同的第一家，很容易问到的。在自家人面前，严复没了戒备，不再谨言。他抱怨当差无味，公事皆受人摆布，官场风气又不好，自己一无家庭背景，二无社会交游，三无钱财应酬，看不出有什么政治前途。严观澜给他出主意，说要多到上司面前走动。这真是旁观者清。严复一时抛开书生意气，听话照做，发现效果明显，不禁大喜。此后经常和堂弟交流职场境遇，就连天津水师学堂的内部人事倾轧，也讲给严观澜听。

严复一生基本远离故土，学成归国，1880年去天津任职后，只有屈指可数的几次返乡，包括1881年冬，专程回闽为天津水师学堂招生；1885年回闽参加科考；1889年母亲在福州病逝，严复携妻儿回闽奔丧；1893年秋，严复回闽参加他人生中的第三次乡试等。在天津度过安稳的二十年后，严复于1899年赴上海，从此开始京、沪、皖等各地的辗转。但他并未斩断乡情，而是与同族兄弟互相关照、保持往来。在族人心中，在乡邻眼中，严复是亲切和可敬的。1918年冬，他又回到故乡，此次返乡距离他上次归来已然有二十五年了。他依旧很自然地找到归属感，在写给老友的信中，十分骄傲地提到，自己做寿那日，族人前来相聚、道贺。

严复家无恒产，一家十几口人，基本全靠严复的薪酬过活，每月房租、水电、伙食、衣物、家教、厨师等，各种花费加起来，是一笔不小的开支。他们家大半时间租公寓住，每次搬迁安顿也要花不少钱。

1899年，八国联军侵占天津，严复一家逃难到上海，生活完全被打乱，陷入空前的经济危机，几乎可以说是破产。当时仓皇出逃，随身携带的衣裳书籍不多，大部分遗留在天津公寓。战乱中，那些家具衣裳器皿，连同书籍手稿等都被洗劫一空，严复在天津二十年的积蓄，瞬间化为乌有。上海的冬天寒风凛冽，严复都不知道，自己与家人该如何度过这个冬天。困窘至极时，严复曾向一位老友开口借钱，对方听完，扔下一百块钱就转身走掉了。后来，严复渐渐垒砌新窝，托朋友从外地买家具，因为买到便宜的好货而欣喜过望；朋友送的年糕也让他赞不绝口。

终于在上海落好脚，依然为钱发愁。严复常年有记账的习惯，不畏烦琐，凡有开支皆记录在册，就连买邮票、螃蟹、葡萄等，不过一元的开支，也都写下来。他不仅花钱谨慎，也怜惜财物。有次出差匆忙，忘记带上水烟筒和眼镜，只得临时花钱买，严复很心疼。严复喜欢在帽子上饰珠子，一天发现帽子上的珠子不见了，连忙写信问夫人是不是被她收起来了，要她即刻回信。

时局维艰，百物腾贵，严复和当时的很多人一样，常常不能及时拿到薪水，这让他愈发焦虑。对严复来说，翻译本可以作为强大的经济支撑，可惜当时中国人没有什么版权概念，盗版猖獗，大大影响了收入。在写给妻子朱明丽的信中，严复再三嘱咐，一定要节俭，家里有十来口人，几个孩子都还那么小，上学、将来婚嫁，都是一大笔钱。日常开销也就罢了，买东西添置什么的，一定要谨慎，千万不能喜欢就买。

严复一生家累颇重，他常为此处于忧怖交集的状态，却从未见他有过抱怨的话。他自觉是一家之长，养家理所当然。他曾说，天底下最危险的人，就是那种良善但骨子里懦弱的人。这样的人，身为一家之长，不能庇护他的家人；作为一国长官，不能保护他的国家。修身齐家，治国平天下，严复秉承的正是中国传统士人的观念。为此，他不惜让自己风尘满面，甚至卷入开平矿产伦敦诉讼一案。

这段职场经历，可以算是严复人生走的一段岔路。矿务和诉讼皆非严复本行，和他的学识更不能对等，显然是经济上吃紧，让严复气弱屈身。

1901年，张翼高薪聘请严复出任开平矿务公司华部总办。上任后，严复发现这份五百元的月薪并不好拿，公司背景复杂、华洋共事、事务烦琐，严复名为总办，实际上职权有限，处处受掣肘。严复在如此境地中，依然尽自己所能管理公司。张翼自然也看得到严复的能力，后来更许诺月薪千元，邀请严复一同前往伦敦诉讼，严复没有多想就答应了。

一到伦敦，严复就投入为张翼写呈堂供词、翻译文件的繁忙事务中。但很快，严复发现事情不对劲。原来张翼早已是负债累累，许诺的薪金，严复一分钱都见不到。置身陌生国度，无奈之下，严复写信回国，支取自己的存款，才得以过活。而更让严复痛苦的是，他渐渐发现，开平矿务公司的产权早已被张翼私自盗卖，张翼因此被参，才奉命赴英诉讼。在庭审中，张翼不顾严复再三告诫，公然撒谎，被对方出示证据驳倒，严复顿时觉得羞愧无比。他对自己接下这份差事后悔不迭，更深感与张翼这样的人同行，实在受辱。

这一趟出门，严复不仅没赚到钱，还自费三千多块。严复懊悔至极，情绪极差。他从未贪图过不义之财，不过想靠自己的本事赚点家用而已，没想到却掉入这样一个深坑。他只得自责道：看来我这个人就是天生贫骨，从今往后，我绝对不要再被人役使，也绝对不要再为钱财而做事。

想法是好的，但即便是严复这等人物也会发现，在乱世中，自立自由地生活，是多么奢侈。时局越来越混乱惨淡，国家财政亏空，经费裁减，通货膨胀，严复各方面收入都失去了，就剩下学部的每月三百块钱，根本不敷家用。1910年，严复分别写信给毓朗贝勒和那桐中堂，描述自己的窘境。他说自己年老家累重，现在到处人满，差事不好找，请求大人能给他一份外务部游美留学公所的差事，这样每个月增加三四百块钱收入，一家老小就可以得到照应。这两封求职信中，严复仰求的姿态令人印象深刻。他口气恭敬，还分别对两位大人说：

何日休暇，敬当一勤求阶前尺地，瞻礼颜色也。

此后引维尽愚，仰求驱策，以答鸿私，为日尚未艾也。

雅驯过度，也看得出严复在这种事上的生涩。算起来，严复写信时已是五十六岁。他虽自称平生耻于干禄，但在这两封信中，流露出的却是困窘之态和躬身气短。

1912年，严复又写了一封求差事的信，说自己境遇江河日下，十口之家浮寄都邑，米珠薪桂，典贷俱穷，听说眼下开平和滦州两矿合办，应该有很多用人空缺，希望燕老督办为他谋个位置。严复信中所呼的燕老督办不是别人，正是曾在开平矿务公司共事过的张翼。当年伦敦之行，严复深感痛苦，认为和这样的人一起做事很受辱。但几年后严复因生计所迫，又将希望寄托在他身上。

严复写过一句诗："女贫怜作嫁，世乱耻为儒。"会有这样的感慨，缘于深谙人间酸楚。可以想象，严复写这句诗时，心底微凉，笔端微微发颤。

但这还算不得最大嘲弄。说到底，干禄求财，也只是人世间的寻常故事。严复一生中，真正最不愿提起的耻辱，是科场失意。他曾四次赴考，却止步于乡试，深陷“连个举人都考不上”的难堪之中。

## 二

严复第一次走进贡院，是在1885年，虚岁三十三。

开考那天，五更时分，他在鸡鸣声中惊起，快快吃完早餐，直赴考场。到贡院时，天已黎明，已有一大群学子在等候。大家抱着自己的笔砚和被褥，一个一个排队签到，随后进去找到自己的考棚。考棚比传说中的还要简陋，气味熏人。日出时，考题发下来，大部分人都觉得骇怯慌乱。平日用功苦读的，也可能在这时一个哆嗦，头脑一片空白。就算才思泉涌，也得时刻谨记八股文的规矩，若不合格式，写得再好也是白搭。

放榜那天，好友郑孝胥前来探望，见严复已然醉卧在床。郑孝胥，1882年中举，福建省乡试解元。那会儿两人刚结识不久，但严复对郑孝胥已是颇为敬慕。严复没有想到自己会落榜，也没有想到郑孝胥会拐过来看他。隔了一日，严复便回访郑孝胥。一番茶叙之后，严复心里稍微好受些。过段时间，情绪缓和后，严复又开始备考，但运气依然不佳。1888年二度落榜，严复再次惊讶沮丧。等到1889年和1893年落榜时，严复已经生出几分愤怒。科考实在折磨人，平日苦读，考场紧张，放榜前煎熬，还有，落榜时惊愤。他变得脆弱。1893年乡试，严复特意大老远从天津赶回福建考试，暗暗希冀故土能给他带来好运。结果依然落榜。从三十三岁到四十一岁，八九年的时间里，严复在科场摸爬滚打，一无所获。眼看年纪越来越大，严复越来越气结和心急。他深感前景黯淡、命运不公，苍凉问道："男儿怀抱谁人知？"

之后，甲午战争爆发。侵略者的炮火将国门打出一个个窟窿，也惊醒天下学子的科举梦。他们当中的很多人，放弃九转成丹的科考，转而投奔社会现场，纷纷办报著文，积极发声。严复则是当中最脱颖而出者。他接连发表《论世变之亟》《原强》《辟韩》《原强续篇》《救亡决论》等政论，提出救世方略，鼓民力、开民智、新民德，"以西学为要图"。这些振聋发聩的言论，令时人侧目。

其中，《救亡决论》连载于1895年5月1日至8日的天津《直报》。在这篇政论中，严复直陈八股之弊：八股禁锢智慧、坏人心术、滋生游手；八股取士，更是让天下读书人把岁月消磨在无用之地，志节堕坏，虚荣骄傲之心渐长，神智昏昏，上不能辅佐国家，下不能务实做事；八股破坏人才，国家也随之贫弱。鉴于此，严复呼吁除八股而讲西学。为表明自己的坚决态度，严复还说，就算东海可以回流，他也不会收回自己的话。

1901年，清廷开始实施新政，扩编新军，筹备立宪，改革官制，育才兴学等等，无形中酝酿着废除科举的力量。1905年，全国一干总督和巡抚联衔会奏，请停罢科举，换来朝廷一纸诏书，终于结束了中国的科考历史。

但那是多年之后的事。回到严复当时，与科场上的挫败压抑相比，在报纸上发表政论，无疑是一种放飞。不需要官方认可的身份，他慷慨激烈的用世之心就能得以抒发。

《拟上皇帝书》连载于1898年1月27日至2月4日的

《国闻报》，最能体现严复的庙堂意识。文章中，严复提出联各国之欢、结百姓之心、破把持之局。同时，严复书写的姿态，也颇耐人寻味。“臣伏处草野，仰观朝廷所为，私窃痛之。”“今者陛下君九万里之中国，子四百兆之人民，其为荣业可谓至矣。”语气之中，不仅有对国运的忧心，更有对君主的忠诚和报效的渴望。

1898年9月14日，光绪帝在乾清宫召见了严复。《国闻报》随后刊载了部分对话。可以看出，召见过程中，皇帝问一句，严复答一句，用词讲究和恭谨。对话以光绪帝的一句微叹结束：“中国就是守旧人多，怎好？”道出君臣之共同焦虑。9月21日，戊戌政变发生；23日，光绪帝即被幽禁于瀛台。

政变是突兀和残酷的。9月28日，北京菜市口散发出阵阵血腥味，谭嗣同、林旭、刘光第、杨锐、杨深秀、康广仁被杀，史称“戊戌六君子”。

这一变故斩断了严复的政治前途。他在政变次日就回天津了，也可以说是逃得快。全身而退，已是大幸，至于功名，就更不用提了。

说起来，那些年，严复还真谈不上有什么政治身份。英国留学回来，在北洋水师学堂待了二十年，最后升任学堂总办。戊戌政变之后，他当过开平矿务公司总办、京师大学堂译局总办、安徽高等学堂监督等。严格来说，没有直接进入政坛。

1908年起，严复的政治命运开始改变，先是被聘为新政顾问官，随后又有一大堆名衔和指派：宪政编查馆二等谘议官、学部丞参上行走、筹办海军事务处顾问官、资政院议员、中央教育会成员，被特授为海军部一等参谋官、海军协都统，还曾是南下议和代表。

1912年到1915年，严复被派为京师大学堂总监督，后来还是总统府顾问官、参政院参政、中华民国宪法起草委员等，可谓身居要职。那几年，他经常出入总统府，来到生平声光最盛之处。

严复那几年在仕路上亢进，和一个人有重大关系。

1908年8月，严复从上海赶赴天津，投入直隶总督兼北洋大臣杨士骧的麾下。严复住在宽大的屋宇内，外有花木，虽是夏季亦觉凉爽。但他整天看着各色人员出入府中，特别是一些旧相识，才识平庸，却都当着官，一副老爷做派，打照面时免不了彼此客气几句，这让他心里很不是滋味。自己从1880年来天津，熬了三十年，头发都白了，还是一介布衣。

消沉很快一扫而尽，严复迎来政治命运的转机，被杨士骧聘为新政顾问官。杨士骧属于北洋系，与袁世凯颇有私谊。严复因此进入袁世凯的视野。

严复十分肯定袁世凯的才干。几年前，袁世凯被罢官，严复就为其鸣不平，说此公之才一时无两，像这样的国家栋梁，为何要将他闲置。

1911年12月2日，在北京锡拉胡同袁邸，严复和袁世凯见面。当然不止他们两个人。袁世凯安排此次会见，主要是为商量南北和谈之事，众人济济一堂，陈宝琛借机推荐严复参与南下议和。南北议和乃国家大事，经过一番周旋，尤其是以师生之谊会见黎元洪后，严复返回北京，面见袁世凯。在这件差使中，严复可谓尽心尽力，不仅及时做详细汇报，还研判局势，提出六项建议："车驾无论何等，断断不可离京。须有人为内阁料理报事，禁之不能，则排解辩白……"都是诤诤之言。从此，严复被袁世凯器重。

严复如此卖力，固然因为袁世凯对他有知遇之恩，但还有一个更深层次的原因：严复一度将“天下”理想寄托在袁世凯身上。

严复对袁世凯和北洋政府，曾有过近乎天真烂漫的想象。在他看来，袁世凯文可定倾，武足戡乱，雄姿盖世，无人能与之相比。他只愿大总统福寿康宁，那就是老百姓之福。

狂热的心情，直到1915年6月才有所冷却。北洋政府的种种问题，让严复不得不承认，大总统也有很多不足之处。他也对袁世凯有批评之辞：袁世凯这个人太多情，充其量也就是督抚之才，指望他治国固邦，与列强抗衡，可能还真不是最好人选。

1915年8月的筹安会事件，让严复陷入尴尬境地。

为给袁世凯复辟造势，杨度等人联名发表筹安会宣言，严复大名在列。一时舆论哗然。

按照严复的解释，是杨度硬拉他入会，还故意对机构宗旨含混其词，拜访严复只是走个过场而已，不等把话说清楚，杨度便告辞，第二天报纸上就有严复的名字了。从严复写给杨度的一封信来看，严复对杨度的为人深恶痛绝，痛斥其首鼠两端，于乱世中钻营利禄。

结合这些细节来看，严复列名筹安会，很有可能真是被杨度一半拉扯一半忽悠。之后，筹安会开会、请愿，包括袁世凯受帝位那天的庆贺朝宴，严复都没有到场。但即便如此，严复的声名已然受累。他自己想起这件事也是懊丧不已，后悔没有当机立断登报自明，都怪自己年老气衰、无勇怯懦啊。

其实这件事和严复的年纪也没有太大关系。他固然博学多思，但混政界其实一直不太在行。政治内幕复杂，手段残暴，远远超出一个读书人的想象。

后来严复也渐渐看清袁世凯，说他多行不义、滥杀无辜，至于施政更是令人失望——军伍不统一，财政纷乱，这些国家所急都没有解决，其他问题如教育、司法等，就更不用说了。即便如此，严复依然私心偏袒，实际上仍然支持袁世凯。严复认为，袁世凯固然令人不满，但只要他在位，国家还能定于专制，中国就还有机会实现君主立宪。对严复来说，这才是最重要的。他反对共和，反对革命，认为中国立基几千年，人口众多，国本不能妄动，一旦动了根基，则积尸成山，流血成河。严复对袁世凯的感情，早已超出私谊之上。他只是担心袁世凯一去，就会天下大乱。逼走袁世凯，与当年力亡清廷一样，都将铸成大错啊。严复后来为袁世凯写悼诗《哭项城归榇》：“近代求才杰，如公亦大难。六州悲铸错，末路困筹安。”悲怆之情溢于字间，最后他甚至写道：“化鹤归来日，人民认是非。”

最终，袁世凯还是败了。在严复看来，这是整个国家的厄运。袁的倒台，意味着严复家国理想的破灭，他发出哀叹：“末路如此，岂非大哀。后此国事，思之令人芒背。”而严复的政治道路，也走向终结。

哀叹成为严复晚年生活的主调。1916年6月，袁世凯病逝，严复赴津避祸，风声过后再回北京时，不过一闲闲老人，能张罗的，就只有生病住院和儿女婚事。正如他自己说的那样，浮寄京师，无所事事。

闲居的日子里，严复过得并不安逸，时常意不能平，受时局刺激，因独醒而忧惧，却苦于心长力绌。他举目四顾，看到世事江河日下，民生困苦益深，真是一片惨淡。他终日哀叹国难民苦，亡国焦虑一直折磨着这位衰病的老人。

不同于年轻时的振臂高呼，严复无意于新政府，是以并不在报纸上发声，只私底下和一两位老友聊为抒发。然而不谈则已，一谈则感愤满怀，难以自抑。没有人可以安慰他。只有一回，英国驻华公使朱尔典回国，严复前往送别。谈起国事，严复不觉老泪如线，朱尔典劝慰严复不要伤悲。他说，老天爷对待国家，也像对待一个人，虽然眼前颠沛流离，饱受苦难，但长远地看，或许正是苦难玉成了一个国家。这番话一时宽了严复的心。

故事绕到这儿，很容易忘记当初严复在科场的狼狈。其实这件事，还有一段小小余音。1910年，严复被赏文科进士。1月17日那天，他的日记简洁如常，只写下三句话："本日见上谕：'严复赏给文科进士。'辜汤生、伍光建、王劭廉皆文科进士。到馆。"

看不出任何情绪波动，但他到底还是忍不住，写了一首《见十二月初七日邸钞作》，并将这首诗分别展示给郑孝胥、伍光建等好友。诗曰：

自笑衰容异壮夫，岁寒日暮且踟蹰。
平生献玉常遭刖，此日闻韶本不图。

严复如此刻意端庄，显出一种过分的自尊。强调此时的“本不图”，只因早年的挫折。而这也恰恰说明，他内心对科考大耻依然是耿耿于怀。在另一首诗《太夷继作有“被刖”诸语见靳，乃为复之》里，严复不再端着，敞开了诉苦。他说，在家中有自缢身亡者的人面前，就不要再提起绳索这类东西。自己少日身贱，科考梦断，后来不甘，又动了此念，结果却是自不量力，一无所获。1905年，朝廷废除科举考试，但是科考失败对严复的影响并没有结束，这是他这一生的痛。居然在迟暮之年，受到朝廷的恩赏，得了文科进士这一虚衔，这事他真不知是该哭还是该笑。只是，世事变幻太快。清廷赏给他文科进士的第二年，辛亥革命枪声响起，王朝落幕。对严复来说，心中的某些东西也被击溃了。清廷授予他的这个名分，亦成了一个遥远而伤心的念想。

严复写过一句诗——情重身难主。面对火屋漏舟般的世界，他有功名之心，有承担世运之抱负，也为此苦苦挣扎。他自责未能建立事功、济世扶危，数十年中，带着一种不甘心的悲哀。闲居的日子里，他困坐屋中，心中依然怀着一个天下，百感交集，意不能平。

终日忧思，身体愈加多病。严复觉得，此时自己留在北京，于人于己都没有好处。1918年11月4日，严复带着颓丧的心情，踏上回乡之路。他要为三子严琥完婚，还要察看墓地。还有一件事，是严复事先没有想到的，那就是他一生未能实现的理想，最终在故乡阳岐，通过一种民间行为得以补偿。

## 三

严复的故乡阳岐在福州城外。

现在去看阳岐，颇有些城中村的感觉，围墙里，小楼两三层，院子里种着果树，农田只余几分菜园，村里的老人在一块长条石上坐成一排晒太阳、择菜。一条小河从村口流过，河面上还卧着几棵被台风拔起的老榕树。

村里有座尚书祖庙。

历史上，阳岐浦宽广，客商行旅的风帆终日穿梭，码头热闹，很多人在这里做生意。客商多莆仙人，明初时他们在阳岐浦边建了一座小庙宇，奉祀忠肃公陈文龙，祈佑平安。后来担心闽江发大水，就把庙移到阳岐村的凤鸣山下。该庙香火颇盛，历代加封，碑刻上载“祖殿水部尚书三次敕封，加封镇海王”。福州老百姓习惯称陈文龙为“尚书公”，城中各处有多座尚书庙，阳岐这座因为是最早建的，故称“祖庙”。

关于陈文龙，有很多动人故事。他出生在莆田，系名门之后，曾祖父陈俊卿是抗金名相。陈文龙少能文章，三十七岁状元及第，官至监察御史，后因忤逆权贵被罢官。景炎元年（1276年），元军压境，陈文龙坚守兴化孤城。城破，陈文龙宁死不降，在被押往杭州途中，绝食，写诀别诗。陈文龙以身殉国后，诏谥忠肃。陈氏祖祠门前有一副联：“一门二丞相，九代八太师。”

1918年冬天，阔别阳岐老家二十五年的严复回来了。

漂泊的日子里，他曾想象过故乡的风光。犹记得，山色年年好，南台岛上的少年时光，梦中栩栩再现。故乡还有建盏，有茶香，连福州老酒都带着琥珀般色泽。一条清河从阳岐村流过，逶迤入闽江。河上有一座古老的午桥，乃蔡襄题的字。他们家的祖屋“大夫第”就在河边不远，家人曾在阳岐浦的石阶上拍洗他的衣服。夏夜，村里人还会聚到河边大树下乘凉。河边那几棵大榕树啊，要好几人才能环抱。

一路辛苦，是严复未曾预料的，他没想到自己的身体竟已如此衰弱。从天津，经南京、上海，最后再到福州，舟车辗转，每次上车下车、进站出站，都要走好几百步，简直要命。常常才走一会，他就开始大喘，心慌气塞，恨不得干脆坐在地上。留宿客栈时，严复畏惧上下楼梯之苦，也几乎不出门。

1918年12月9日晚，严复总算到达阳岐。

在老屋住了一个星期后，严复前往玉屏山庄，买了一座房屋，添置一些家具，作为三儿子严琥的新房。买下房子第二天，12月17日，刚好是农历十五，严复去尚书庙烧香。

尚书庙就在严复祖居“大夫第”不远处。严复记得，在他还是少年的时候，村里人每月逢初一、十五，都要到尚书庙烧香，祈求尚书公保佑。孩子们被大人拽在手边，常常被香火熏得满眼泪水，转眼却又在鞭炮声中快乐地嬉闹开来。

多年以后回乡，严复看到的尚书庙，历久未修，甚是破败。他将香轻轻地插进香炉后，仰望神像，脸色平静，旁人亦不知他内心感慨良多。

1919年1月13日，农历十二月十二，尚书公生日，严复再次到庙行香。他在庙里逗留，内心得到些许安宁。敬香尚书公，于他而言，是在完成一场内心的对话。

几天后，严复亲笔撰写《重建尚书祖庙募缘启事》，倡议重修尚书庙。

修庙从此成为严复晚年的一件大事。虽然时局纷乱，但严复竭尽全力，立志完成这项工程。他四处募捐资金，写信给自己的一众好友，也写给无甚往来的闽籍贵人。陈宝琛、陈璧、刘冠雄、刘传绶、李厚基等，都曾为尚书庙捐款。严复对柯鸿年寄予厚望，可惜对方出国，组缘簿被退回，严复还是不放弃，期待他回国后能捐笔款。福建督军李厚基很支持，捐三千元。严复自己捐二千元，严复的族侄嘉井也捐一千元。城台绅商、阳岐乡亲也认捐不少。

严复发起修庙，除依靠他的名望，宗亲和乡谊亦是重要支撑。当时成立董事会，严姓董事占三分之一。具体经办是他的那些族侄、族弟，以嘉井、翰周、又槃等人为主。他们常就修庙之事来与严复商量。严复对修庙工程自始至终都十分操心，一直在过问和督促。自己往来不便，就派三子严琥回阳岐察看。董事会延迟未开，严复不解，叫严琥见到翰周后，要扎扎实实地询问清楚。董事会开完，严复又问，大家到底有些什么决议。他一直在等待工程动工，没有得到消息，十分着急，别人又不好责怪，就数落自己儿子，让严琥快去查明原因。总算开工了，严复又来问，工程到底进展如何，很想知道啊。

在众人努力下，阳岐尚书庙重修工程于1919年11月动工，1920年1月7日上梁。严复特意在日记中记下此事。

在修庙过程中，人力和物力都显得局促。严复并没有一下子筹措到全部资金，而是一边修一边募捐。具体经办工程的人，严复也换过一拨。此外，严复还亲自为尚书庙题写楹联，他的好友自然也得出手帮忙，陈宝琛、郑孝胥、郭春榆、王又点等都为尚书庙写过联语。为重修尚书庙，严复不惜动用自己的所有资源，可以说是尽心尽力。

严复如此热心，令人忽略了他的衰病之躯。实际上，严复是一边操心重建事宜，一边奔波外地治病。

1918年冬天回福州后不久，严复就生了一场大病，几乎毙命。1919年5月，他离开福州，去上海治病。在上海红十字医院，严复听从医生安排，每天用温水冲泡全身，或坐在有灯泡围绕的木箱中，以此出一身大汗。医嘱少吃荤，二十多天才吃一片牛肉、一根羊肋、两块猪肉，还是分四次吃的。他在医院住了两个月，也感觉不出太大效果，倒是牙疼明显。发病后，一口牙齿松动，不能咀嚼，略苦。

随后，他又从上海回北京。即使身处京都，周遭喧嚣也和严复无关，他既不喜用心，更不喜见客。终日喘咳，严重时不能出房门半步。

他有吸鸦片的习惯，肺部积痰很多。为了止咳，强行戒了一段时间鸦片，又觉得筋肉酸楚，浑身难受。这可真为难人，吸也不是，戒也不是。严复懊悔不已地说，这个世界上真有魔鬼的话，那就是鸦片了。夜晚特别难熬，他的睡眠又短又浅，一夜咳醒好几次，每晚能有三四个小时好睡，就很了不起。

12月初，严复又生了一场大病，瘦削不已，严复以为自己必死。在协和医院住了二十二天，总算勉强出院。后来尚书庙那边请他再写三对楹联，严复实在提不起这一口气，说庙中有旧联，就直接用吧。

严复认为，他的身体这样羸弱，之所以还能有一息尚存，拖延着不死，大概是天意要他为忠肃公完成修庙这一大事。

1920年10月29日，严复结束奔波治病，再次踉跄回福州。10月30日，定居郎官巷。

在红灯笼、青石街、白墙青瓦的郎官巷，日子愈发平静和寡淡，严复几乎不出门，大部分时间，坐卧小楼窗前，听雨看云，有时起兴临池，打发时光。书不爱看了，对时事无话可说，亦不想多谈。他只抱怨赌博输和坏天气，用他自己的话说："槁木死灰，惟不死而已。”

被老病折磨得气力殆尽时，他亦曾像其他乡民那样，祈求尚书公的保佑。

1920年12月24日，严复在日记中写道：“琥将赴阳岐请丹。”一个“将”字，几多期待，令人不由得揣测此前父子必有一番交流，或许老父的命令中还夹杂着撒娇，儿子则因为孝顺不好反驳。第二日，严琥果然就去了趟阳岐，带回罗真人的三道符。

严复认真服下，心生感慨，他提起搁置许久的笔，写下一首诗，题序如下：“阳崎（岐）尚书庙扶乩，有罗真人者降，示余以丹药疗疾，赋呈四绝。”晚年严复颓靡，除了躯体的衰病，更因精神上的沉痛。他看着眼前局面，不知中国未来在何方。三道来自阳岐尚书庙的符，让严复内心翻腾，他写道：

权利纷争事总非，乱来十见日周围。
天公应惜炎黄尽，何日人间有六飞。

转眼到了1921年。福州的春天，寒暖不时，温差极大，午后热得只能穿一件衬衫，一场大雨又忽地降温，急急翻出外套。端午节一过，天热起来，时不时来一场暴雨。在雷阵雨中，迎来酷热七月。

定居郎官巷后，严复几乎每天都在家里，打麻将，抽水烟，久久地发呆，最多翻翻《庄子》。7月3日那天，他颇为隆重地出了一趟门，在女儿华严（严璆）的陪同下，回阳岐。

因为怕天热，他选在下午清爽时分出门，当晚住阳岐“大夫第”老屋。第二天一早去尚书庙。

严复欣慰地看到，尚书庙的重修工程已经完成三分之二，剩下一些外围工程，庙埕尚未铺石，工人正在抓紧完工。黄昏时，严复满意地回到福州城中的郎官巷。大概是因为情绪好，他没觉得这番来回有多累。

察看尚书庙工程之后不到四个月，即10月27日，严复病逝于郎官巷。

尚书庙后来经受风雨，修过几次，但大体保持着严复当年重修时的样子。现在的阳岐尚书庙，面积有三四千平方米，左毓麟宫，右忠肃祠，中间是尚书祖殿。整座庙宇宏阔大气，最特别的，是它的色调。福建

①
② ③

①② 尚书祖庙

③ 尚书祖庙石碑上的严复印章

（摄影：王鲁闽）

的庙多为红黄色调，装饰繁复，追求俗世里的热闹，而阳岐尚书庙少有地以青灰为主色，线条简约，没有过多纹饰，体现了自宋以降的文人审美。这一墙的青灰，亦成了严复的历史留痕，足以供后人怅然而立、久久怀想。

庙中楹联诸多，十分考究。

祖殿前门最高处有十米，上书“历代奉旨祀典”“尚书祖庙”，还有小字“民国九年重修”“严复书”。门口两副楹联，都是严复所写。

祖殿有前后二进，进门左右两侧是两米多高的回廊，中间为通道。酬神演戏时，通道上架上长板，与左右两边回廊连成整体，就是戏台。戏台也有一副楹联：

> 更何分苍鹘参军，粉墨千场皆假面；
> 莫但看乌纱牙笏，衣冠一代几完人？

这副楹联是当年严复向同光体诗人王允晢求来的，还是派三子严琥去取回来的。王允晢写的是：“粉墨千场皆假面，衣冠一代几完人？”严复认为戏台联七字太短，又添了七字。

第二进是庙的核心，供奉着尚书公神龛。神龛左右，竖立着“状元参政”“敕封忠烈侯”“水部尚书”“枢密院事”“册封琉球王”等仪仗牌，英风肃然。

神龛前，大柱楹联写着：

惟公节义文章是宋季第一流不负科题垂史册；
为神聪明正直顾海滨百万户永消灾患奉馨香。

落款“螺洲宗后学陈宝琛董事撰书董事会全体敬献”。

严复本人也曾为大柱写联语：

守官诚死封疆，此义岂共和而可废。是宋代忠贞，若论殉国从容，垂七百载英声，何愧文陆？

保民乃登祀典，惟公为社会所同依。有陶江祠宇，长祝在兹陟降，俾千万年浩气，永奠瓯闽。

可惜庙宇历经多年风雨，这副楹联现在在庙中已经看不到了，郑孝胥、李厚基等人题写的楹联也都不见了。

尚书庙的香火至今依然鼎盛。每逢陈文龙诞辰日，尚书公的莆田族亲和乡亲，还有各地信众纷纷前来进香。扫帚娘子队在前开路，寓意净扫路面，进香队、执事队、车鼓队等，穿过彩门，在此起彼伏的鞭炮声中，顺序进场。身穿华服的长者，神情肃穆，捧着陈文龙神像和香炉进庙。仪式后，人们开始进香。从尚书祖殿开始，然后是毓麟宫、忠肃祠。许多人走来走去，一手将香举得高高的，免得烫伤身边的人，一手不停地擦拭被烟熏出来的泪。还有一些人，顾不上擦泪，将各香炉中的灰抓一小撮，放进随身带来的锦囊里。香烟袅袅中，所有人的脸庞都变得模糊不可辨。

不远处的鳌头山上，一座墓前，亦有几枝香，立在清风中，墓碑上刻——清侯官严幾道先生之寿域。

# 第二章

# 风起马头江

# 一

我多次迎风站在马头江岸，看着余晖下寂寥的马尾造船厂和格致园，内心总有不甘的慨叹。

> 有江曰马头，在城南五十里，纳西北纵流入于海，风涛汹涌，中有巨石焉，如马首状，随潮隐见，舟行必戒避之，故名。

《福州马尾港图志》中对马头江由来的介绍颇有几分自得之意。马头江，我们更习惯称之为马江。马江入海，水路畅通，商船穿梭。1866年，时任闽浙总督左宗棠将目光投向马江。他看到，马江口遍布小岛山丘，可以架设炮台；航道随地势变窄，易守难攻。因此，他主张将设厂造船计划落地在马江，并最终促成此事。这一大手笔，成就了后来马尾船政的辉煌局面：中国近代海军的摇篮，近代远东规模最大的造船产业基地，中国现代航空业的萌生地，中国近代教育的发祥地，派遣中国第一批留欧学生……历史并非凭空发生，支撑起这段传奇的，是一颗颗炽热的奋斗之心。

彼时，罗星塔灯火闪烁，吸引各路航船迤逦而来。

1867年夏，从福州方向驶来一叶轻舟，沈葆桢正式抵达马尾，就任首任总理船政大臣。马尾船政遂承载着朝野的厚望，进入“五年计划”时期。锅炉车间、轮机车间、铸造车间，还有机器所、样板厂、铁船槽、起重码头等，日夜运转，热火朝天。厂区之外还有行政区、教育区，主要营建在莺脰山一带。船政衙门的形制等级很高，六柱五开间，大门、仪门和大堂上都有沈葆桢题写的楹联。大门那副写道：

以一篑为始基，从古天下无难事；
致九译之新法，于今中国有圣人。

还有两副则是：

且慢道见所未见，闻所未闻，此即是格致关头，认真下手处；

① 马尾造船厂一角
② 船政钟楼

①
②

何以能精益求真，密益求益，定须从鬼神屋漏，仔细扪心来。

见小利则不成，去苟且自便之私，乃臻神妙；
取诸人以为善，体宵旰勤求之意，敢惮艰难。

一连写了这么多副楹联，酷爱诗文是自然，但亦可想见这位主官当时心境的激荡和开局之艰难，那是一种“以万不得已之苦心，创百世利”的决心。马江风大，为了绿化固土，沈葆桢下令遍植榕树，并亲手栽下一棵。榕树苗迎着马江的风，在造船厂的机器轰鸣声中日渐葱郁起来。

教育是马尾船政除建厂造船之外，一个非常重要的部分。早在1866年末，即将赴任陕甘的左宗棠，已定船政教育机构名为“求是堂艺局”，招生工作全面展开。首届招生的测试考题为论“大孝终身慕父母”。

有一名叫严宗光的学生，刚刚遭受丧父之痛，文章情真意切，主考官沈葆桢以第一名将他录取。沈葆桢不会想到，这名学生日后会以思想改变中国近代史。人们更熟悉他的另一个名字——严复。

严复家在阳岐，入学船政学堂后，逢端午、中秋或过年时，学堂放假，他便从马江坐船回家。他带回家的包裹中有书，还有银两。学堂除提供食宿，每月还发放四两银子，严复尽力节省下来补贴家用。他家中有母亲、妻子和两个妹妹。早在入学前一年，十四岁的他就已经奉父母之命娶妻王氏。

有时，舟在江上行，严复会想起曾经的私塾时光。若不是父亲猝然病逝，自己应该还继续手捧四书五经，准备乡试。但现在，家境清寒，无力准备科举，只得入新式学堂，学驾驶专业。学堂功课很紧张，专业课程有算术、几何、代数、直线和球面三角、航海天文气象、航海算术、地理等，并且是全英文教学，一般人闻所未闻。日常管理严格，从晨起到夜眠，都要受管训，不允许在外嬉游。每三个月考试一次，成绩不好的人要被淘汰。能坚持到毕业的，差不多只有入学人数的一半。

对严复来说，功课倒也没有什么压力。在同学中，他一直都成绩优秀。1874年6月，在完成最后一次出海实习后，严复获船政大臣颁发的军功证书，成为船政学堂驾驶专业内堂生中的首批毕业生之一。1877年，清廷批准留学计划，派船政学堂三十名学生赴欧。严复也在留学名单上。

1877年3月31日，“济安”舰启航，运送留学团前往香港，转乘去往欧洲的邮轮。

在国外，留学生们很刻苦。本来就是百里挑一，加上身负“他日或能蔚为大器，共济时艰”的国家希望，他们在训练中拼尽全力。

严复是其中各门学业最优秀者。1879年7月，严复在格林尼次海军学院完成了学业，“考课屡列优等”。英国方面拟安排他到纽卡斯尔号军舰学习一年，不料时任船政大臣吴赞诚发来急电，要他回国担任马尾船政学堂教习。1879年底，严复结束在英国的留学生活，回到马尾。不过，他在此任教的时间十分短暂，第二年就被李鸿章调到天津水师学堂。

严复的人生似乎总在剑走偏锋，波折起伏。若不是父亲突然病逝，他可能继续攻读四书五经，在科场上杀进杀出；若没有马尾船政，严复或许就在阳岐村庸常度日。他进入马尾船政，留学英国，却没有成为一名海军将领，而是成为水师学堂的教职人员。他为水师学堂付出二十年光阴，却也不是生平最大成就所在。真正让严复名满天下、影响中国近代史的，是他的译著。现今的马尾船政学堂，用好大的招牌写着一行字——一座学堂引领一个时代。有了严复，这句话便底气十足。

话又得绕回来。严复虽不是一名舰长或工程师，却与中国近代海军命运相系。他在《〈海军大事记〉弁言》中将自己一生与海军的关系说得很清楚：

> 不佞年十有五，则应募为海军生……最后乃游英之海军大学。返国年廿七八，合肥李文忠公方治海军，设学于天津之东制造局，不佞于其中主督课者前后凡二十年。庚子排外祸作，清朝权贵以祖宗三百年社稷为之孤注，迨城下盟成，水师学堂不复收，盖至是不佞与海军始告脱离，而年鬓亦垂垂老矣。军中将校大率非同砚席，即吾生徒。甲申法越、甲午日韩之二役，海军学生为国死绥者殆半……

从垂髫到年老，海军对严复来说，是命之所系，情之所寄。海军兴盛时，严复正当少壮，海军覆灭时，严复也垂垂老矣。他留学回国不久，就被李鸿章调到天津。他在天津水师学堂度过了二十年，正如他自言，海军将领基本上不是他的同学，就是他的学生。严复提到的“甲申法越、甲午日韩之二役”，是中国近代海军的致命创伤——中法马江之战和中日甲午海战。

1884年8月，马江口很不平静，空气中隐隐有不祥的气息。法国海军少将孤拔率领的军舰，一艘接一艘地到来。马尾船政两位主官张佩纶、何如璋半夜召集各舰管带，聚在船政衙门议事。由于马江江面航道狭窄，双方军舰并泊抗衡，都无法编列阵型作战，大家商议好的策略是紧贴对手，一对一监视，伺机开火，合力对付孤拔所在的军舰“窝尔达”。

像这样的近战，胜负只在一个呼吸之间，就看谁先下手。这个道理法军也懂。8月23日下午1时56分13秒，“窝尔达”降下第一号战旗。中方还来不及反应，法舰已全线开火，中法马江之战爆发。

炮声轰隆，硝烟弥漫，二十多分钟后，马江的主战斗就结束了。孤拔下令进攻船政生产区，屠杀落水挣扎的中国官兵。一时间，只见马江水面布满油污和血红，浮在江面的尸体和军舰残骸随波漂荡。

百年过去，重提此战，亦让人心痛。这场不到半小时的战斗中福建水师实在狼狈，而且损失惨重。船政二十年的家当，毁于一瞬。花费巨资制造出来的军舰“扬武”“伏波”“飞云”“济安”“福星”“福胜”等没了，经年培养出来的各舰管带、大副，几乎全部阵亡。

马尾船政自此陨落。艰辛开创，经二十年风雨，栽下的榕树都已参天，颁发给洋匠的大清御赐金牌“福州船政成功”依然还在闪着光辉，船政却已被人一剑封喉……

马江之战重挫，严复作何反应，我没有读到相关资料。但在中日甲午海战时，严复可谓日日情绪随之震荡。

1894年，从年初开始，京城里就洋溢着一派喜气。这一年是慈禧太后六十大寿，文武官员纷纷晋封加赏。大家忙得不亦乐乎，一点也没在意邻国的动静。日本在看到中国海军的“定远”“镇远”两大铁甲舰后，深受刺激，他们发行数千万元的海军公债，并已悄悄地将黑魆魆的炮口对准中国。

清廷没有意识到战争即将来临，或者说还心存侥幸。枪声响起，圣谕也还是以和为贵。既然如此，海军官兵也不着急，军官穿着绸缎走来走去，水兵在舰上晾晒他们缝线外露的蓝色布衣。不论是兵还是船，都日渐老旧疲沓。

对李鸿章来说，北洋海军算是他的家底。于公于私，他都主和。他没有下令备战，而是想方设法与外使沟通，幻想通过外交，让战争不要发生。

日本不宣而战。7月，丰岛海面上，炮声四起。继而是黄海大战，北洋海军损失惨重。清廷方才醒悟过来，又是急着购买军舰，又是派帝师翁同龢微服传旨，要求海军速速整顿，以备再战。无奈北洋海军沉疴已久，始终行动迟缓。不久，鸭绿江防线被全面突破，旅顺失守。眼见北洋海军节节败退，一向对李鸿章有所顾忌的文官，终于可以放开胆子，上奏弹劾。严复也被拉下水，有人说他主持闽党，煽惑人心，应该从重查办。

威海卫保卫战中，大量海军官兵阵亡或自杀，军舰全失，只剩被卸去大炮的“康济”号，载运牺牲官兵的灵柩和一千多军民，悲凉地离开威海卫。至此，北洋海军全军覆没。

这一年是1895年。4月，年迈的李鸿章和日本首相伊藤博文，在马关春帆楼签下《马关条约》：中国割让辽东半岛、台湾及澎湖列岛，赔款二亿两白银。

这场战争和严复关系重大。他在李鸿章麾下，主持天津水师学堂多年，当时的海军将领几乎都是他的同学或学生。战争一开始，严复就密切关注。他在写给陈宝琛的信中，详细分析战情，既悲且愤。

严复认为，中国之所以节节失利，主要原因在于没有掌握主动，战前没有未雨绸缪，战时指挥也很有问题，在这两点上，李鸿章难辞其咎。双方开战后，严复就反对求和。他分析道，如今中国国本俱伤，上下礼学皆崩，就算求和，也不能得到一时喘息的机会。中国吃亏，不是一天两天的事，指望战后就能振作，大概是看不到的。至于为何泱泱大国，居然没有合适的守将，指挥战争的都是一批文官，海军提督丁汝昌更是从未受过任何海军技术训练。严复一语道破，国家平时都不留神真正有能力的济事之才，一味将高官重权交给那些平庸之人，等到事情发生，举目四顾，二十二个省没有一个大将可用，因此亡国，有什么可奇怪的。

时人大多纠结于战争的具体情况，甲午战败后，人人憎嫌海军，认为海军误国。严复的目光显然更深邃。他想的是，为什么日本以寥寥数舰、区区数万的军队，就能“一战而剪我最亲之藩属，再战而陪京戒严，三战而夺我最坚之海口，四战而覆我海军”。

严复得出的结论是：

> 夫疆场之事，一彼一此，战败何足以悲。……所可悲者，民智之已下，民德之已衰，与民气之已困耳。
>
> 治国固以人心风俗为本，如今日中国之人心，虽与之德之陆旅，英之水师，亡愈速也，呜呼！衮衮练兵购船何为者！

严复从战场的溃败中，望见国本和人心。他提出远超时人的观点：两国交战，并非只是疆场上的较量，更暴露出国家和社会的种种问题，比如民智、民德、民心。如果人心涣散，大力练兵购船又有何用?

李鸿章后来做了一个比喻，说好比一间破屋子，一个裱糊匠只能东补西贴，风雨小时几个窟窿随时补葺，也能勉强应对，可一旦真的遭遇强力，那就原形毕露，不可收拾了，裱糊匠又如何负责?话说得文气十足，委屈满满，颇能赢得同情。诚然，不能把一个王朝的覆灭归咎于一个人，但也不能全盘推脱——大清王朝的最后时刻，李鸿章位极人臣，影响力无疑是巨大的，事后以一个裱糊匠自比，未免过于轻描淡写。

不论理想追求，还是行事做派，严复与李鸿章都不相投，两人之间的关系一直比较尴尬。双方都曾刻意接近对方，但终究还是觉得保持距离为妙。这让严复觉得在北洋当差味同嚼蜡。他甚至还有过怨念，说自己在李鸿章麾下近二十年，竟还需要通过旁人来向李鸿章要一些机会，实在是一件很没意思的事。这是私交。在政治主张上，严复与李鸿章也是大不相同，比如严复主战，李鸿章主和，李鸿章的“联俄制日”构想，严复更是反对。

甲午战败后，李鸿章半生名节尽毁。临终时，他躺在贤良寺西跨院的那间北屋里，泪流满面，久不瞑目，是闻讯赶来的老下属周馥为他抚下眼睑。当时，举国上下没几个人能谅解李鸿章，严复却为他作一副挽联：

> 使先时尽用其谋，知成功之不止此；
> 倘晚节无以自见，则士论又当何如？

一直与李鸿章若即若离的严复，居然读懂了他临终前的“秋风宝剑孤臣泪”，真是令人感慨万千。

某种程度上，严复如何看待李鸿章，也是他对中国近代海军态度的折射。

严复出身海军，命系海军，也十分重视海军。他说，中国海岸线七千里，没有海军何以生存，将来伸张国权，自然要有强大的海军作为防卫。1908年，严复还代拟筹办海军奏稿，力陈海军之重要，提出中国想要自强，必须筹办海军。

这是国事。就严复个人而言，海军是他安身立命的根本。1880年11月，严复开始担任天津水师学堂总教习，后升任会办、总办，直到1899年6月离开天津，前后二十年，严复都在从事海军教育。1910年，严复还被特授为海军部一等参谋官。

但严复并不认为可以靠海军救国，这也正是他没有过分苛责李鸿章的原因。严复想得更深远。在《〈海军大事记〉弁言》中，他提到，自己三十年前曾和总税务司赫德交谈。赫德告诉他，海军对于一个国家来说，好比树上开花，树本身必须要有坚实繁茂的根干枝条，还要有适宜的风日水土，然后才能得以看见花开。要壮大国家，必须从根本上进行，徒然苛求于海军，是没有好处的。

那么，何为国之根本？严复说，中国现在最苦的，在于缺乏人才。如果民智不开化，中国不变法会亡，变法也照样亡。他还说，教养二字，就算亡国也不能失去。1905年，他在伦敦与孙中山交谈时，也说道：

> 中国民品之劣，民智之卑，即有改革，害之除于甲者将见于乙，泯于丙者将发之于丁。为今之计，惟急从教育上着手，庶几逐渐更新乎！

从教育入手，严复似乎找到改良社会的有效途径。

## 二

严复认为，那些提倡变法者，大多没有抓到根本，只从枝节入手，又诧异于看不到功效。当今士大夫之所以顽固，是由于见识卑狭。一个国家的忧患，正在于民众无学。

经受战争创痛之后，清廷开始有了教育兴学的警悟。1901年，朝廷下诏将各省书院改设大学堂，并广设中学堂和蒙养学堂。在这样的氛围中，严复也希望投入到教育现场，产生了在东南择地、自立私学的想法。他和几个好友，还有最喜欢的学生熊季廉商量，连具体做法都有了思路。严复想好了，要先成立团体，议定办法，然后分头募化，择地起堂。可惜他为各种事务所缠绕，办学这一想法最终没有付诸行动。

严复对教育的热情，最终在1905年得以践行。在这一年里，他一下子投入两所高校的建设与管理。

先是应马相伯之邀，帮助创建复旦公学。严复做了大量重要工作，包括筹建新校舍，制订《复旦公学章程》，领衔募集办学经费。他执笔《复旦公学募捐公启》，开头第一句就说，以中国当今所处局势，如果说有所谓的生死攸关问题，难道不就是兴学吗？

不久，安徽高等学堂总教习姚永概到访，带来安徽巡抚的亲笔信，希望严复能就任安徽高等学堂监督。

姚永概家学深厚，师从吴汝纶，诗名极盛。对他的到访，严复颇为欣喜，但并没有立刻答应对方的邀请。安徽高等学堂开办有几年了，经常闹学潮，当地保守势力此次闻风，亦写来匿名恐吓信，想阻止严复前往。姚永概担心严复不愿意来，再次跑来面请。严复终于下定决心赴任。他想的是：国家提倡教育将近十年，但观察具体所为，一片茫然。假如安徽人果真对我信任相从，让我来定规章、聚师资，培养一些人才，这对社会也是很有好处的。

1906年4月，严复启程前往安徽。船到安庆时，是半夜三点多。严复走下船时的感觉是昏暗、寂静、天气极热，他后悔没有多带几件夏衣。安庆的吃、住条件都比不得天津、上海，这些严复会与亲友絮叨几句，但并没有真正放在心上。他开始专心投入整顿学校，对办学方向和教学管理，都进行大幅调整。学制上，三年改成五年，先是三年基础课程，后两年分法政、实业两大科，毕业后送京师大学堂，优等生留学欧美；教学内容调整为以西学为主，皆用西文西师，只有伦理、道德、经学等中国传统科目，还用中文授课。严复的这些教改是大刀阔斧的，并被严格执行。年终考试，三十多名学生不及格，被淘汰；成绩优异的，则编入甲班。学堂的学风为之一变。

工作进行得颇为顺利。当年11月底，复旦的学生致函严复请他担任复旦公学校长。在两江总督端方的支持下，严复正式到任。

身兼两所学校的校长，严复往返奔波于沪皖之间，劳心劳力。但严复甚感欣慰，学校的管理和改革已经见到成效。第二年开春时，安徽高等学堂的新楼盖好，招生名额扩大到三百名。严复写信给林纾，豪情万丈地说，必让此校有成。

谁知一场变故正在酝酿。1907年5月24日，安徽高等学堂闹学潮。午饭时，有学生在食堂掀翻桌子，扬言要让斋务长周献琛卷铺盖走人，还宣称要把所有闽人都赶走。严复那时因肺炎回上海养病，听说此事，非常震惊。

震惊之外，还有失望。当地官员对事件的处理颇为轻慢，严复邀来的闽籍老师，也都受到无礼待遇。

严复这才意识到现实的艰难，并不是所有人都理解他的理念，改革已触犯守旧派的利益。他深感事情难做，愤然辞职。在《严幾道辞退安庆高等学堂监督意见书》中，他说自己治校无状，牵累同学，有愧当年巡抚大人礼遇之恩。

负气远去的严复，显然有点受伤。他一度对安徽高等学堂十分投入，誓愿学堂能成气候，结果竟是这样一个结局。从中国的教育事业来看，安徽只是一个缩影。严复不只为一所学校、一个地方感到悲哀，更伤痛中国学界不可救药。

辞去安徽高等学堂监督一职后不久，1908年4月，严复连复旦公学校长也辞掉了。管理学校，比他想象中要复杂得多，经费支绌，校舍不够，总要想尽办法应对。难做也就罢了，反对派不断造谣，让学校氛围充满诡异，更是令人厌恶。回想一年前，严复刚刚就任复旦公学校长时，心情激动，特意于《中外日报》登一则启事，希望诸君可以匡助。事后来看这一细节，未免有些悲凉。

严复与这两所学校的缘分算是结束了，但对教育并没有从此心冷。四年后，他再次投身教育界。

在袁世凯的支持下，1912年3月8日，严复正式就任京师大学堂总监督。京师大学堂乃1898年由清政府创立，入学者大部分是七品以上京官。对于这一任职，严复感到前所未有的自豪。他态度谦逊地说，政府让他暂行管理大学堂，他颇为惭愧，希望不辜负大家的殷殷期望。

激动过后，严复发现执掌京师大学堂困难重重。因为款项支绌，差点不能按期开学，严复在家书中叹气连连，说公事极其难办。无奈之下，严复四处奔走，凭着自己的名望，从华俄道胜银行借来七万两银子，总算让学堂按时开学。

上任后，严复整顿校务、改革课程、调整师资。他合并经、文二科为国学科，裁汰教学管理人员，力邀学界名流加入大学堂。文科学长他属意“清末四公子”之一陈三立，教务提调则希望能请到姚永概。陈三立力辞不就，姚永概赴约而来。

严复以高标准为学堂选聘教学管理人员，一般人很难入他的眼。那些“东学小生”，严复尤其瞧不起。他认为这些人留学时间很短，大多以富贵利禄为目的，对学问并无深究，用这样的人要非常谨慎。这种看法显然很得罪人，要知道教育部里不少官员都是严复口中的“东学小生”。

严复主持大学堂，作风强硬，不肯迎合教育部，部里的不少安排，严复觉得无理，不利于大学堂发展，就不愿执行。他甚至试图让大学堂干脆脱离教育部，实现独立。这么一来，严复与教育部官员的关系，难免紧张。此外，革命党觉得严复是北洋势力一员，又与袁世凯关系密切，对他十分排斥。这些都让严复处境不佳。

严复却也没那么容易被放倒，对于周围的谣言和敌意，他不予计较，一心想把大学堂带好。后来京师大学堂改名为北京大学，严复也就成为北京大学首任校长。1912年5月15日，北京大学举行开学典礼，场面隆重。在严复的主持下，北京大学显示出一派新气象，很是令人期待。

但严复渐觉吃力，很多困难都可以克服，没有经费实在不知如何是好。借来的款只能支撑一个学期，暑假过后，如果没有新的经费续上，学校可能就面临停办。

1912年6月，学校经费问题愈发突出。财政部通知京内外各衙门：凡薪水在六十元以下者，照旧支给；在六十元以上者，一律暂支六十元。京师大学堂也接到这份命令，学校里人心惶惶，不少人请假而去。为学校考虑，严复向袁世凯和教育部呈上一份说帖，反对减薪，最后还不软不硬地说，为今之计，除校长一人每个月支六十元，以示服从命令外，其余教职人员照支全额，以示体恤。他的抗议得到重视，北京大学全体教职员工的薪水照发。

严复此举，被官场中人视为大胆。但对严复来说，保护学校乃是职责所在。他但愿能发挥所学，不愧国民，至于其他利害，不在顾虑之内。

不久，风波又起。有传言说，教育部将停办北大。这可真是晴天霹雳。严复又气又急，向教育部呈上一份《论北京大学校不可停办说帖》。严复说道，如果教育部同意他的看法，可以继续改良学校，如果不同意，他就辞职。这一份说帖，闹出不小的动静。迫于外界压力，教育部出面表示，并无停办北大之说。

严复再一次带领北大渡过难关，但他作为校长的地位却摇摇欲坠。袁世凯心中已有更中意的人选——章士钊。章是袁世凯恩人吴长庆的孙女婿，袁世凯此举，既可以还旧日恩情，又能取得革命党人的支持。失去袁世凯的支持，针对严复的造谣和舆论攻击，便越发不可收拾。严复不肯服软，坚持硬挺下去。1912年10月1日，袁世凯任命章士钊为北京大学校长，严复顿时明白袁世凯的意思，于是不辞而别，离开了北京。

离开北大，对严复来说是无奈之举。他内心依然充满眷恋，暗自希望当局能再次邀他复职。可惜，他一直没有等来这样的机会。在严复之后，1912年到1913年，北京大学接连换了四任校长。其中，章士钊没有到任，其他人先后到任但没多久就辞职了。主持北大，谈何容易。

北大之后，严复没有再主理其他学校，但他的教育理念，却影响深远。

严复首次将斯宾塞的德、智、体三育学说介绍到中国，并提出自己的观点：智育重于体育，而德育尤重于智育。纵观中西历史，凡亡国的，必定人心先坏。世界天演，各种离奇，然而有一点永远不会改变，那就是，不孝、不慈、负君、卖友等一切无义之为，终究会为人神所共愤。

重视传统道德培育的同时，严复主张中西学并重。他认为培养人才，最好的方式是这样的：从小观物、作画，慢慢学点物理、算学、历史、地理，稍长则读经书，古文、古诗必读，还要背诵，这是基本功，就算将来并不从事国学，也能有所粗就。等到十五岁后，则必须学西文，英、法、德、意选择其一皆可。严复还强调，研究西学，要直接掌握西文，因为一切科学美术，西方国家都已极精。掌握西文，无异入新世界。

严复重视西学，但他讨厌那些留学时间短、急功近利者。在他看来，当时那些留学日本的，大多是速成归来，但留学欧美的也有不尽如人意处，大部分国学功底不好。他理想中，真正的人才，能扎实学问，中西学皆有，学得一宗科学回来时正值壮年，正好为国兴业。

当时，严复还持有一个很重要的观点：以物理科学为重。他认为先前中国依靠八股取士，教育无方，以至于民智不开，国亦贫弱，所以现在必须依靠物理科学来强国，他提出“欲变吾人心习，则一事最宜勤治：物理科学是也”。

或许可以这样概括严复理想中的人才，即幼读经书，少读西文，而后学有专攻，中西学并有，德育智育皆佳，尤其物理科学扎实，可救国强国。

严复持科学、辩证的学习观，认为年少时十分用功不见得是好事，一个人太用心则过度消耗，四十岁之后，脑力就开始衰竭，很难指望其建立事功：

> 西哲谓读书人通病，前半生则傲兀自喜，后半生则衰苶糊涂，此由年少之时，用心太过，而不知吾人入世涉物竞至烈之场，破败胜存，佥于三四十以后见分晓。其人年少气盛之日，不必放荡淫佚，自斫其生也。但使征逐微名，作为无益，坐令脑力萎耗，则四十以往，其人必衰。而一切真实事功，转以无望。

严复对中西学并重的强调，很容易让人想到马尾船政学堂：既有传统国学课程，又有西方专业科学，一切西学都用西文授课，再派学生出国留学。令人痛惜的是，马尾船政学堂没有延续下来，虽然有一两所学校或许称得上系其余脉，但办学机制、所培养的人才都不可同日而语。前学堂、后学堂和船政衙门、官厅花池等，如今被统一命名为格致园，供游人参观。闽地竟再无船政学堂，今日马头江畔，只剩“一座学堂引领一个时代”的口号，真是令人慨叹。

回过头，还是说严复。自离开北京大学后，他这一生就再也没有回到教育界。1914年，好友熊纯如请他推荐理化科教师，严复只说：“自脱离学界之后，与此项人，渺不相接，恐一时无以应命也……”淡淡的口气中，透露出受伤的情绪。回想当年，他有志教育，豪情满怀，在演讲中还曾呼吁：我国我种，有岌岌不可终日之势，今日要谈救国，教育是唯一要图。

严复不认为海军能救国，而是有心献身教育，希望以此培育人才，改良社会，救国救民，无奈最后黯然出局。而他自己也没想到的是，那些年的奔波中，于倦怠落寞之际所做的翻译著述，却让他名满天下，成为一流人物。

# 三

1904年，在写给门生熊季廉的一封信中，严复先是得意于译书获利的丰厚，透露自己岁入近万金，后又抱怨起盗版猖獗。那些没公德的人，根本不知道版权是什么，只要他的书一出来，一群人都来翻印。《原富》《群学肄言》二书，湘、粤、沪、浙之间，翻版就有七八种，这就不提了，《群己权界论》《社会通诠》问世没几个月，就听说有人张罗着要翻印。严复气得直呼命衰。

估计熊季廉读完信一时还颇为难，是该为老师高兴，还是一同气愤？而今回味严复此番报怨，更多是带着欢乐的心情。盗版猖獗，恰好说明严译著述在当时的影响力。

一切始于1896年的那个夏天。在夏日炎炎中，严复开始翻译《天演论》，1898年刊行，自此一纸风行。1905年改由商务印书馆铅印出版，至1927年再版二十四次。吴汝纶在序中赞叹道：

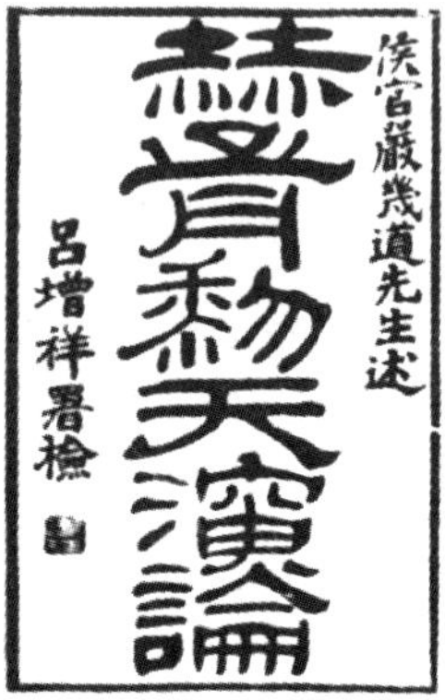


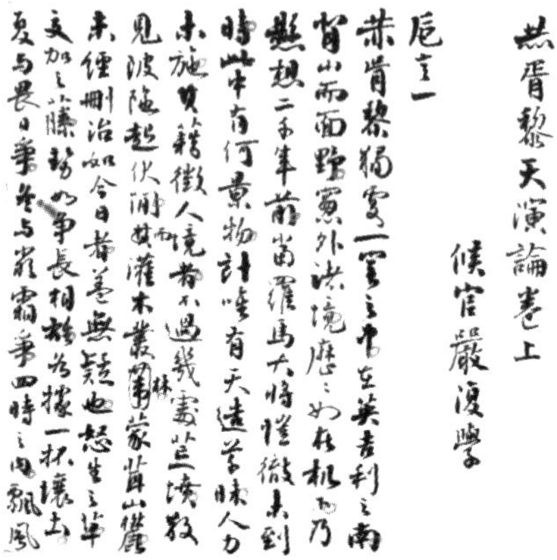


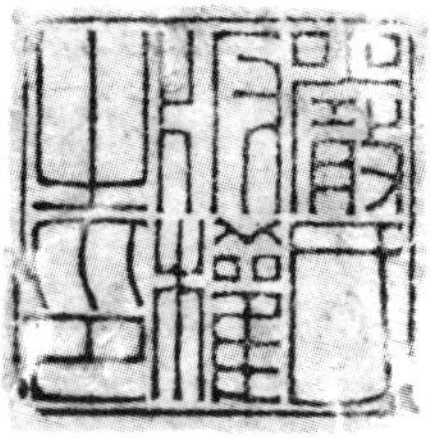

| ① | ② |
|---|---|
| ③ | ④ |

①《天演论》富文书局版　②《天演论》手稿
③“严复版权之印”　④严复自制的版权印花

天行人治，同归天演。其为书奥迹纵横，博涉乎希腊、竺乾、斯多噶、婆罗门、释迦诸学，审同析异而取其衷，吾国之所创闻也……自吾国之译西书，未有能及严子者也。

吴汝纶的赞扬并不夸张，严复因此被称为“中国西学第一人”。

在当时，《天演论》风靡全国，以至于卖断货，后来还做了中学生的读物。时人手里如果没有一本《天演论》，都不好意思说自己是读书人。能不能读懂是另一回事，但大多数人都能念出第一段：“赫胥黎独处一室之中，在英伦之南，背山而面野，槛外诸境，历历如在几下。乃悬想二千年前……”1899年1月4日，郑孝胥在日记中写道，刚买到翻版的《天演论》，准备将它带给张之洞。一本书作为进献之礼，可见分量。

这本书如此轰动，严复本人也始料未及。但他一定深感欣慰，毕竟《天演论》倾注了严复本人以及师友吕增祥、吴汝纶的很多心血，几经修改润饰方成。《天演论》的初稿严复译得比较快，只用了几个月的时间，即

1896年夏天到重阳节。当年10月，他就开始着手翻译另一本书——《原富》，一直持续到1901年1月30日才完成。《原富》于1902年出版，卖得极好，一上市就被抢光。年底，严复甚至得到消息说，已经卖到数千、上万部之多，他还写过几封信与出版社沟通版税事宜。

《原富》是西方古典自由主义经济学的开山之作，也为当时中国的知识分子所看重。郑孝胥说“此书竟成，百家当废”，吴汝纶亦谓“海外计学无逾本书……独能发明奥迹之趣，光怪奇伟之气，决当逾久而不沉没”。

严复也知道，买书的人未必都能看它，多半是放在案头，充充门面，这也就难怪读者呼应寥寥。严复曾十分委屈地向张元济倾诉，说有朋友赞许他译的书很好，但就是太难了，无法领略其中妙义。

圈内朋友表示看不懂，就更别说一般的读者了。严译著述对受众的要求一直都很高，需要丰厚的西学知识作为支撑。严复对自己的翻译有一个明确定位：不是用来启蒙学童，而是面向知识分子阶层。

如此，严复翻译、引进西学，难免感受到一种曲高和寡的孤独。1903年2月27日夜晚，严复在翻译《群学肄言》时，忽然间悲从中来，在一张便条上写道：

> 吾译此书真前无古人，后绝来哲，不以译故损价值也，惜乎中国无一赏音。扬子云："期知者于千载"，吾则望百年后之严幼陵耳！

悲凉有时，欢欣亦有时。在漫长孤独的旅程中，严复亦表现出远大的抱负和深深的自得。早在1899年，严复心中就有一个长远的翻译计划，待完成《原富》后，接下来要选译柏捷特的《格致治平相关论》、斯宾塞《劝学篇》，然后再译大书，如《穆勒名学》、斯宾塞《天演第一义海》诸书。果真能完成这些翻译计划，"仆死不朽矣"。他在翻译《穆勒名学》时，就想到了，"此书一出，其力能使中国旧理什九尽废，而人心得所用力之端"，故虽劳苦，而愈译愈形得意。这项伟大的事业，最大的障碍是力微道远，生计占用时日，常有俗事败了译兴，至于专业能力，严复没有丝毫的自我怀疑。他觉得当时整个中国，谈洋务的人很多，但真正能称得上译手的，屈指不能尽手。严复甚至一度希望，如果能得月薪四百，就可以不问他事，专心译书。有好几部重要的书，若没有自己出手，三十年中无人能为，即使有人勉强为之，也未必能得其精义。

然而光有抱负和自得是不够的，严复深感译事之艰深，劳心呕血，雪山十年，可以岁月课功，断难以时日勒限。他曾对张元济说：

> 复近者以译自课，岂不欲旦暮奏功，而无如步步如上水船，用尽气力，不离旧处，遇理解奥衍之处，非三易稿，殆不可读。而书出以示同辈，尚以艰深为言，设其轻心掉之，真无一字懂得矣。

翻译难为，进展缓慢，还要请师友进行语言上的润饰，严复感叹一书之成真是不易。

强调严复这样一位翻译家的严谨和认真，显得多余，但检索具体细节时，还是会为严复的学术精神感动。譬如当时，张元济曾提议将书分给诸人翻译，严复做总校，遭到严复强烈反对。他认为拟译之书是专家之学，译手非于西国普通诸学经历一番，往往不知书中语为何，只会有泛滥之作，而无垂久精品，所以必须精选兼通中西文字者，数人专办。在严复看来，翻译是“其人不朽之业在此，日后大名亦在此”之事。不知今日，又有几人能这般看待翻译？

严复的翻译，最早可以追溯至1892年，奉李鸿章之命翻译《支那教案论》。1896年，他开始翻译《天演论》《原富》，到1909年，相继翻译出版了《群学肄言》《群己权界论》《社会通诠》《穆勒名学》《名学浅说》《法意》等。这就是后来所称的“八大译著”。此外还有《美术通诠》等。这期间，他还完成了《英文汉诂》《侯官严氏评点〈老子〉》《侯官严氏评点王荆公诗》等，成果可以称得上丰硕。

令人惊讶的是，如此大业，竟是在一片芜杂和动荡中偷空实现的。从1900年到1909年，乃至到1916年，严复不停地在天津、安庆、上海、北京之间来回跑。这期间，他的社会身份有：中国国会副会长、名学会会长、开平矿务总办、京师大学堂译书局总办、安徽高等学堂监督、复旦公学校长、新政顾问官、审定名词馆总纂、筹办海军事务处顾问官、资政院议员、南下议和代表、京师大学堂总监督、总统府顾问官、参政院参政等。个人遭遇也是起落不定，受邀做演讲，遭弹劾，避难，迁居，办报纸，被众报攻击，办学，应对学潮，甚至还出了一趟国打官司；家中也事务不断，先是失去了一个儿子，随后又添了三个女儿和两个儿子。严复像在漩涡急流中打转，几乎没有片刻清闲和宁静。

生逢乱世，清静本是奢谈，严复的翻译是一种“吾于案上闻炮声”的写作，缘于救世之心，为的是救亡图存。但他的动荡和折腾，很大程度上也是个人的挣扎——严复从未甘心于埋头做学问，而是非常期待在更广阔天地建立一番事功，所以才有马不停蹄的奔走与进退，各种身份切换。一旦进入职场，严复又显得格格不入，他见识独到，不管是混官场还是混学界，从京城到地方，都没有办法与周围人搅和在一起。同事觉得他狂傲，不与人结交，严复自己则意绪极恶，充满不为时所用的痛苦和挫败感。翻译的开始，固然缘于一片赤子之心，为的是引进西学新理，去除国人蒙昧，但同时不得不承认，这也是严复自己排遣苦闷精神的出口，活跃于社会公共领域的另一种形式。但学术上的成就，显然不如政治地位来得“有用”——时至今日，中国的大环境依旧如此，因此，我们也多少能理解严复的复杂心情：翻译的成功从未能弥补他在政治上的挫败感，大多时候他是不甘和无奈的。在写给友人的信中，他自怨自艾：

> 复以寡谐不见用于当世，耻其生而无补于社会，乃以迻译自将，东抹西涂，妄窃名誉；不独为时贤所窃笑，家人所怨咨，而掷笔四顾，亦自觉其无谓。

进一步观察严复的境遇，就可以理解他的这种不甘和无奈，甚至可以说，这是那个年代相当多知识分子的共同心路。

甲午战争爆发后，以上海为中心，全国各地出现了很多学会和刊物，表达士人对时代的呼应。严复胸中有物，格格欲吐，并成为其中翘楚。他在报纸上接连发表《论世变之亟》《原强》《辟韩》《救亡决论》等政论，痛心疾首、振臂高呼的斗士姿态引人瞩目。不久后他还与友人一起创办《国闻报》，并在这份报纸上发表了《拟上皇帝书》。

《拟上皇帝书》系统地提出变法主张，令人联想到当年王安石进京述职，作长达万言的《上仁宗皇帝言事书》。1898年9月14日，光绪皇帝在乾清宫召见严复，圣颜近在咫尺，君臣交心，严复进言要联各国之欢，结百姓之心，破把持之局。若不是光绪帝失势，严复很有可能被擢为重臣。严复后来说自己生平进取之机，往往将成辄毁，或许其中就包含这件事。戊戌政变时，严复得到军机大臣王文韶的密示和保护，得以脱身。9月28日黄昏，菜市口杀六人。严复随后在《国闻报》上以“视死如归”为题致敬谭嗣同，指斥朝政，因此遭到弹劾。郑孝胥很是为严复担忧，在日记中写道：“闻前数日或劾严复、王修植、孙宝琦者，军机大臣为力救乃免。……彼必有以待之者，惟幼陵当益危耳。”

经此一遭，严复意识到政治的残酷，闪着寒光的刀锋就在眼前，随时可能刺进自己的胸膛，但即便性命得以保全，精神上亦被砍上一刀。1899年的严复已经是绝口不谈国事，书札也十分谨慎。他认为戊戌六君子之戮，是古今以来少有的冤案……后怕与寒心，一直持续着，他在写给曹典球的信中说道：

> 不幸思术不同，听者藐藐……则真不知学问智识之于吾人其有益而可贵者果安在也。……顾信谗斋怒，欲置之死地，岂无人哉？此仆戊戌以还，所以常嘿嘿廉贞，舍闭户译书而外，不敢有妄发者，坐此故也。

就是这样矛盾，严复渴望为国所用，却深觉时局不可为，一度以坚壁清野的姿态活着。1902年时西学风靡，严复门前很是热闹，可严复看不惯结党营私、假公济私和权利之争。他认为，那些所谓新党，口谈新理，手持新书，日翼新政之行，其实不过是为个人之私，希望从中邀利，或晋升为新贵。因此，严复不愿与他们交往。坊间盛传严复之傲慢，严复则默默闭门谢客，倾注心力于译书。那时他的身份是京师大学堂译书局总办，白天到局里办事，晚归，灯下唯以翻译自娱。这期间，他译成并出版斯宾塞的《群学肄言》，译成甄克思的《社会通诠》，出版《穆勒名学》部甲和《群己权界论》。

严复情绪不好，愈发心灰意懒。到1904年，南归之意可谓坚决。他与熊季廉通信时一再提起这个心思，并为自己勾勒了美好未来：闭门读书、授徒，得江湖之乐。为了能摆脱纠缠，飘然而去，他甚至规划好具体时间：明春决拟南下，二月不行则三月，三月不行则四月必行。真的，他很快就辞去京师大学堂译书局总办的职位。

四月的南方，春雨渺渺，乍寒还暖，鲜花热烈盛开，但并没有迎来严复的身影。到1905年1月，严复已然身在伦敦。或许是为生计所迫，十几口人的家累啊，又或许是他终究不安于做一个清苦书生，而是向往热闹和燃烧，伦敦归来，严复又活跃于教育界，在沪、皖、京、津好几个城市之间奔走，身份也不断更迭。他的翻译则一直继续，出版《穆勒名学》上半部（八册），还有《名学浅说》《订正群学肄言》等。1909年3月，《法意》第七册脱稿。

也就是在这个时期，严复在政治上似乎开始走运。

南下议和代表、京师大学堂总监督、总统府顾问官、参政院参政等，严复出入于热闹场所。看得出袁世凯对这位名满天下的学人颇为重用，而严复则拥护袁世凯，寄望他能还中国一个太平天下。在严复看来，袁世凯虽只有督抚之才，然而新旧两派之中，别无更好人选。时局维艰，军阀派系、新旧革命派、外国势力共同撕扯着民生凋敝的中国，士人不知如何是好，真觉一无可为，严复又起拂衣而去的心思。袁世凯死后，严复被迫赴津避祸，虽然很快又回到北京，但社会声望下降，基本进入养老模式，以闲居、养病、操心儿女婚事为主。他的翻译没有新的成果，《穆勒名学》原著第二卷悬悬于心，却不得进展。他在1916年说，“穆氏之作，则刻未去怀，拟明年完成”；到1918年，他又说，“《穆勒名学》终必成之，俟秋凉耳”；然而，直到去世，也终究没能完成。

世人大多看到这样一个严复：在《论世变之亟》中提出自由，“夫自由一言，真中国历古圣贤之所深畏，而从未尝立以为教也”；在《原强》中提出以自由为体，以民主为用，鼓民力、开民智、新民德三者为本，三者又以民智为最急；在《救亡决论》中他说，“华风之敝，始于作伪，终于无耻”；他还自拟联语，“有王者兴，必来取法；虽圣人起，不易吾言”，请郑孝胥为他书写后，挂在书房。在外人看来，作为一代翻译家、思想家，严复的人生当然算是成功的，可严复对于自己毕生经营的翻译与学术，有着一种难以细说的复杂心情。他对儿子说：“有志之士，须以济世立业为务，不宜溺于文字，玩物丧志。”又有诗句道：“文章一小技，旧戒丧志玩。”晚年时在自家孩子前回望人生，严复更是透露出一种一手好牌被自己打烂的颓丧：

> 间尝自数生平得天不为不厚，而终至无补于时者，正缘少壮之时太主难进易退主义，不肯努力进取，虽浮名满世，而资力浅薄，终无以为左右时世之资，袖手躬居，坐观沉陆，是可叹也！

再来说一个小插曲。1900年，八国联军攻占大沽炮台，严复仓促离津逃难，生平述作和稿本都来不及带走。临走前，法国领事答应保护严复的公寓，但战事一起，领事也把控不了局面。严复公寓被破坏，器皿衣物连同书稿一起，都被洗劫一空。这让严复心碎。谁知，后来居然有人寄来一部分译稿，严复遂将其修改后出版，此即《群己权界论》。

物如此，人岂无定数？天下危亡之际，严复以一颗炽热的济世之心，做了很多努力，并为自己未能力挽狂澜而深感挫败。他自己也未曾料到，一卷《天演论》，曰物竞，曰天择，会在20世纪初年声光动天下，从此改变中国民气，影响至今。

多年后，马江之畔，矗立着一座严复雕像。他戴着眼镜，身着长衫，左手握书卷，右手扶《天演论》，面朝马江，迎风而立，平静地看江水起落。在他的身后，是左沈二公祠，不远处，马尾造船厂还在，继续远望，还可看到船政天后宫。朗朗的读书声，轰隆隆的炮声，曾经弥漫过江面的硝烟，都已远去。马尾船政学堂如今只余几座空荡荡的景观建筑。

马江上，巨型货轮驶进驶出。江中还有很多绿洲，一丛丛的菖蒲开着紫色的小花，在风中摇曳。偶尔，一声轮船的鸣笛，会惊起白鹭一只只，它们扑闪洁白的翅膀，轻盈地飞向远方。

第三章

# 夕阳郎官巷

## 一

郎官巷是一条细长、曲折的巷。

走在青石板路上，最狭窄处，张开双臂就快碰到两边的白墙了。巷里的房子，门皆不大，且大多关着，外人看不出一点声色。

巷子入口处，曾有一处挂牌：北京大学福建校友会。前方不远，则是北京大学首任校长的故居，门口有棵树的那户就是。

门楣上写的是严复故居。

从正门进入，左右有厢房，都不是严复的卧室。穿过廊西的小门，看见旁边还有一栋二层小楼，这才是严复晚年所谓的“坐卧一小楼”。这里本是花厅，一般接待客人用，严复却用来生活起居，楼上卧室，楼下书房，也兼客厅。偶尔朋友来访或打麻将，大概就是在这里。楼前还有一个小花园，不大，倒也怡神。晚年严复兴致好时，也会手捧《庄子》，在花园里小坐，看云，听雨，感受夕阳的余晖一点一点从繁密的枝叶间淡去，再从几字形的风火墙上彻底不见。

然而，住在郎官巷里的严复，并无多少高兴之时。

肺病让他的身体很衰弱，日夜咳喘，靠佣人捶打双腿、注射硫酸吗啡才能入睡。也睡不长，两三个小时就醒。午夜的郎官巷，常响起一阵阵咳嗽声，渐渐安静下来，破晓时分，又会开始，直到天亮。

频繁夜醒，让人精神益短，情绪也不好。晚年严复，饱受疾病折磨。或许，1918年冬天回福州，就已经在暗示一件事：严复老了，人生的光辉时刻都已结束。

1918年12月9日晚上，严复回到福州阳岐老家。他是11月4日出行的，一路辗转，好不辛苦。在阳岐老家，严复为三子严琥举办婚礼，场面颇为盛大。不久又逢严复生日，大家自然也要热闹一番。办完这两件事，严复彻底病倒。半个月后才转危为安。然而体虚气弱，下地走路时额头上直冒虚汗。

或许是福州湿润的气候不适合哮喘病人，严复的咳喘愈发厉害。1919年5月下旬，他离开福州去上海治病，耗了将近三个月时间。回北京后，12月初，又病势大危，在协和医院住了二十多天，严复还以为自己挺不过去了。

肺病一直在纠缠他，奔波治疗亦收效甚微。1920年10月29日，严复再次回到福州。这一次回来，他再也没有离开。10月30日，严复在日记中特意写道：定居郎官巷。

在郎官巷，严复几乎足不出户。他意兴阑珊，老友都不在福州；从前所喜欢的哲学、历史等书，也懒得翻；对于时局政治，更是避而不谈。他的状态，从表面上看，和一名普通老人没什么分别，闲闲一人，数数洗净的天空上晾晒的几朵白云，听听雨落天井青石板上的清脆声响，有兴致时也练练书法，实在无聊，就打打麻将，并且输的居多。

然而，严复的内心并不平静。一生的动荡，曾有过的鼎沸声光，并没有给他的晚年带来可供咀嚼的得意。他的情绪波荡起伏，内心涟漪层层，充满颓丧和错位感。如他随手写下的诗：

白发侵寻老更催，漫将诗句遣衰颓。
园林昨夜西风紧，自向寒炉拨死灰。

对所处的世界，严复曾怀有炽热感情并为之奋斗一生，在他的晚年，眼见周遭如此，时局如此，有心无力，唯有浩叹。此时的他，不过一个衰病闲人，纵然心里千转百折，亦不知从何提起。真是人老万事休，如他所言："槁木死灰，惟不死而已。"

身体衰病，加上心情沉重，即便是除夕夜，严复仍郁郁寡欢，写下诗句："除夕仍为夕，还乡未是家。"郎官巷的这座院子，是当时的福建省督军李厚基买下赠予严复养老的，严复算是定居下来了，但他一点也没有找到叶落归根的安定感。

严复一生，搬家多次，寓所一直在换，主要是在天津和北京两个城市。有时租房子，有时是买的房子；有严复一人的临时寓所，也有为安置妻儿同时支付着几处房租。他甚至还考虑过，和人集资建房，得一小楼作为安居之所。可以说，严复一生都在为房子操心，四处觅屋，找一适宜可居之处。严复为此耗费很多财力和心力。到了晚年，犹为此事慌张。

晚年严复迫切想要找到一个安身养老之所，但四顾茫茫，顾虑重重，愣是委决不下。从严复写给长子的家

①
②

① 严复故居
② 花厅

书中可以知道，1919年，严家曾在北京看中一套不错的房子，严复却顾虑重重，原因有好几个：其一，房价高，近七万元，这和严复的心理价位三万元相差太大；其二，严复担心自己的肺病之躯，受不了北方严寒天气；其三，北京米珠薪桂，生活成本高，乱世之中，进项收入却不敢保证……找房的经历，让严复感叹不已。

合适的房子固然难找，更大的问题还是严复心思不宁。老来究竟是定居北京还是福州，在这个问题上，他左右徘徊，犹豫难定。回福州挺好，叶落归根，老家房子便宜，两万元左右即可，平常用度也节省很多。但儿孙都在外，从此南北相隔，垂暮之人倍觉伶仃。严复割舍不下子女，期盼一家团圆，最终还是豪掷六万三千元，买下北京大阮府胡同新寓。遗憾的是，他沮丧地发现，自己的身体已经扛不住北方冬季的严寒，每到冬天都大病一场。1920年10月，严复再度返闽，最终定居郎官巷。

郎官巷的这所房子，严复在内心深处似乎也没有把它当成归宿。他一直都还在寻觅一处理想的安静住所，来了却残年。他曾对儿子如此勾勒自己的理想之地：山巅水涯，数间可居之屋，几亩空园，种点蔬果花木……直到临终前几个月，严复还一直想着迁往上海。

原因是严复回乡居住一段时间后，感觉不舒适。南方老家虽无北方冬寒之苦，却另有一种难挨的不适。度过乍暖乍寒、胡乱添衣脱衣的春季，五月开始，又多雷阵雨。端午节过后，天气就完全大热起来。严复住在二楼，太阳直晒屋顶，中午和下午又闷又热，要到下午五点后热气才会消退。夜里还算凉爽，严复终于可以安睡三五小时。总而言之，福州这种寒暖不时的湿热气候，对严复这样有肺病的人来说，很不舒服。直到1921年5月至6月，严复还写信给上海的朋友，请他们帮忙看房子，或是询问其手中是否有多余房源可以出租。彼时乱世，很多人迁居上海租界，房子紧俏得很，严复终究没能迁沪，只好继续留在福州。7月，严复到鼓山避暑，山上比城中凉快些，严复也还是没有什么好心情，抱怨山上蚊子多，饮食起居不比在自己家中方便。他也不太高兴出门看风景，躲在房间里，抄写《金刚经》打发时日。大概到这个时候，他才彻底不提买房迁居的事了。

很难想象，像严复这样一位博学多识、逻辑严密、头脑清晰的人，晚年会如此慌乱，找来找去，找不到一个合适的地方养老。这件事，无疑对严复晚年的心境冲击很大。他自己心里也不太过得去，曾对朋友感喟道，天高地厚，自己一生谨慎惶恐，竟不知投老残年，如何寄托。

老病之人，财力有限，儿孙分散，兵乱频仍，居北则不耐严寒，回南则诸多不便……凡此种种，可以说都是原因，又可以说都不是原因。最大的问题在于，晚年严复内心的错位感，不论人在何处，都会觉得无所适从。正如他诗句中所流露的："投老还乡卧小楼，身随残梦两悠悠。……遗迹处处成枨触，依旧城南水乱流。"心怀残梦、时常感触、内心纷乱、无所事事，大概就是严复晚年处境的写照。房子不过是这种心境的物化表现罢了。

身处晚清大厦倾危之际，严复心忧国家命运，曾夜半醒来大哭。当年，为救时救世，他不惜劳心沥血，无论白日里事务如何繁杂，晚上总在灯下苦苦翻译，一想到自己译成之作将产生很大影响力，则愈辛苦愈得意；他热心政治，多方奔走，为的是能建立一番事功，有益于时局。他也的确成了社会名流，走到声光最盛处。谁知，到老了，发现自己彻底成为闲人一个，不再被任何地方需要，学界、政界都没有他的位置，这让他在情感上很难接受——他对时代是如此认真，可是时代却将他抛弃了。

细说起来，严复气势的衰落似乎是从筹安会事件开始的。袁世凯称帝失败，外界风传新政府要惩办主张恢复帝制的祸首，家人力劝严复离开北京，去天津暂避。等风声过去，严复再回北京时，他发现自己一夕之间被这个时代淘汰了。他无意于新政府，新政府亦不会再用严复。

人一旦老了，最害怕自己无用。寄居京师的日子，严复郁郁寡欢、闭门谢客。日子一天天过，他深觉自己浮名满天下，却整天无所事事，对人对己都无用，实在是没什么意思。

严复自觉无用，既有一种曾经沧海难为水的冷清，还有一层对时代巨变的担忧。

在严复看来，周围的世界正在发生迅速的分裂和转型，各种政治势力和主张你方唱罢我登场，军阀混战、帝制复辟、新文化运动……民生却是日益潦倒，国家未来不知何在。那些年，没个太平日子，结党营私、兵灾匪祸、物价腾贵、旱涝风灾……每天都有人穷死、饿死，严复连呼哀哉哀哉。他多么害怕中国会亡国。他还预测，中国至少二三十年中无太平希望。自己一个衰病的老人，什么都做不了，只能眼睁睁看着如此世界，唯有伤心无穷而已。

面对变化的世界，严复有非常敏锐的观察和自我反思能力。他心存救世之意，曾费尽心血翻译西学。翻译是如此之苦，一天一点，进展极其缓慢，需要漫长岁月才能见成果，如推船逆流，有时用尽力气都还在原地。在没有完稿前，连作者自己也没有把握能否完成、何时完成，一书之成实在不易。严复甘愿为此自苦，只因为他希望能多译成几本书，让中国人了解西学、学习西学。可以说，同代人中，再没有比严复更懂西学的了。但在晚年，欧战的惨烈让严复心悸，也是他，率先从西学热潮中冷静下来。他悲哀地发现，科学让人类进步，也带来屠杀和毁灭，百年物理研究，居然造成人类的浩劫。相比之下，中国旧有文明，更专注于人文修养、自然和谐，多么高洁与宁静。这么多年致力于西学，年近古稀才发现，孔孟之道是最好的矿藏，四书五经乃上流人不可不读之书。

严复的学术旨趣，不管是早年还是晚年，没有太大改变：中西并重，儒道共赏，会通中西诸家思想，以寻找天地至道。晚年严复喜读《庄子》，累读不厌，还常在书页上随手写下思考，是以有《侯官严氏评点〈庄子〉》，用他深厚的西学功底解读庄子。例如他曾这般点评道："一气之行，物为之变。此近世学者所谓天演。而西人亦以庄子为古之天演家。"这就很清楚地解释了为何严复晚年喜欢读《庄子》——并非表面上看过去的复古，而是在会通中西思想上进一步努力。严复作为一名近代知识分子，自觉地追求着一种世界性的学术高度和视野。

严复自幼读私塾，深受传统文化浸润，虽精通西学，骨子里还是一位传统士大夫。当社会进程风云多变、国家前途不明朗时，他为家国命运担忧，自恨年老无用，只能求诸神灵。他对《周易》颇有造诣，精通卜卦之术。1911年2月到9月之间，正值动荡之时，严复频频占卜，占财、占婚、占升官、占外出贸易、占临产吉凶等。在极为脆弱无助之时，严复俨然以卜卦作为人生指导。随着际遇的改变，严复职场得意，受到袁世凯的重用，此后日记中就不再提及占卜。1918年后，严复年老衰病，身心疲敝，他又笃信起扶乩之事来。

1918年4月10日，《时报》刊登了上海灵学会出版的期刊《灵学丛志》的广告，其中有严复对上海灵学会的支持。上海灵学会的组织者俞复与严复相熟，《灵学丛志》的第一、二期都有寄给严复。严复很感谢，第二期十本收到后，除自留一册外，将其他九册分送身边朋友。严复的态度是认真的，不仅阅读这份杂志，还与至交谈论。1918年4月29日，郑孝胥在日记中写道："得严又陵书，极持灵魂不死之说，于余所谓'无知之灵变而不灭，有知之灵逝而不留'者犹未了解也。"相对于郑孝胥不冷不热的口气，陈宝琛的反应热烈多了，还把自己1887年在福州鼓山的扶乩活动，详细告诉了严复：

当年陈宝琛赋闲在闽，为遣兴，在鼓山灵源洞下建听水斋，方便游山玩水后在山上留宿。在听水斋中，他曾连续两个深夜和同行的几位诗人一起扶乩，主要问

"光绪十五年以后国事"。

深夜、山洞、玄诗……这些元素，让"丁亥六月山居之事"充满灵异气氛。严复听后大为惊服，觉得很是灵验，"孰谓冥冥中无鬼神哉"，连忙又把这件事告诉了俞复。

陈宝琛、严复的共同好友林纾也曾说到扶乩这件事。林纾是个浪漫文人，他在《畏庐琐记》中记下自己读到或听到的各种奇怪、有趣的事，其中不乏神怪之事，比如《为鬼梳头》《为鬼拍照》等。但他写下这些，主要还是出于一种小说家的猎奇心理，觉得好玩。对于扶乩，林纾的态度显然有别于陈、严二位。在《许由父》篇中，林纾写道："有轻薄子，自言能调乩仙，下笔成诗，颇有佳者。有许姓少年，颇知其谬，往往举古事难之，乩不能答。"林纾还对乩仙所提之问，进行一番考证解答，颇有戏谑之味。

严复所在的时代，会笃信扶乩的读书人，一般还有以下共同行为特征：写古体诗、抽大烟、纳妾、采用干支纪年，并对帝制怀有眷恋，在转型时代，无所适从，焦虑惶恐，不知如何安放身心。

1920年12月24日，严复派三子严琥到老家阳岐尚书庙请丹。第二天，严琥回到郎官巷，为父亲带回三道符。这是在尚书庙扶乩时，降仙罗真人所赐的。严复服下这三道符后，情绪略有些激动，一口气写了四首诗，其一为：

权利纷争事总非，乱来十见日周围。
天公应惜炎黄尽，何日人间有六飞。

六飞是古代皇帝的车驾。当晚，他睡眠很差，哮喘得厉害。

这是严复在郎官巷度过的最后一个十二月。

## 二

郎官巷斜对面是衣锦坊，人称“三坊”中第一坊。

坊果然是不同于巷的，走在宽阔的青石板路上，只能一边仰望那些高墙飞檐，一边感叹六扇门的精雕与讲究。偶尔从边门的一丝缝可以窥见花木、假山和鱼池，令人浮想大宅院里翡翠泛光、丝绸摇曳的昔日光景。

衣锦坊敢称第一坊，自然有它的底气。历朝历代，这里住过不少达官贵人，北宋有御史中丞、吏部侍郎，南宋有江东提刑、应天府府尹，清还有临江、袁州、常德知府郑鹏程。可以想象衣锦坊当年的气派，非衣冠之人，恐怕无事不敢在此晃荡。郑鹏程的家当年就在衣锦坊洗银营北侧，如今门牌号为8号、10号、12号、14号、16号，五座院落一溜摆开，七个门连成整片。洗银营巷口据说还曾立有青石牌坊“贞寿之门”，乃清同治皇帝所赐。可见，当年的郑家，即便是在繁盛富贵的衣锦坊，也是占尽风光。

郑鹏程有个曾孙，名叫郑孝胥。

郑鹏程是进士，郑孝胥的叔祖也是进士，郑孝胥的父亲则是京官。出生于这样的簪缨世族，郑孝胥天然有一种人上人的优越感。光绪八年（1882年），郑孝胥乡试第一名，高中解元。

三年后的一个夏天，郑孝胥在天津见到一位闽人，严复。

对郑孝胥而言，此次初见并没有给他留下特别印象。他只记得那天下着雨，对严复本人则没有半句评论。郑孝胥并非粗心之人，两天后他进谒李鸿章，在当天日记中对李中堂的相貌、声音、谈吐都细细描摹。

对严复而言，结识郑孝胥无疑是一件很高兴的事。郑是同乡，还是衣锦坊那个片区的，又是光绪八年的举人。从大宅院走出来的郑孝胥无疑自带光环，令严复倾慕不已。两个都是年轻人，严复三十一岁，郑孝胥二十五岁，而且都是雄心壮志，满腹才华无处施展。此番前来天津干禄的郑孝胥深知个中滋味，一眼就看懂了严复，既欣赏他天资绝高，又怜他怀才不遇。那天，郑孝胥还赠诗严复，其中道："嗟君有奇骨，况复负通才。时事多荆棘，吾侪今草莱。"严复着实被感动了，俨然得一知己。

认识还不到一个月，严复就要赶回福建应试，临行前，他拜托郑孝胥为其长子严璩督课。郑孝胥当时还在等待李鸿章的召用，正好空闲，便答应了。接下来两个月里，他几乎每天一大早就过去上课。虽说是临时代课，郑孝胥却严格得很，对自己这个学生还颇有些不满，觉得他太会偷懒。严家父子倒是对这两个月的授课念念不忘，严复常常是带上长子一同来见郑孝胥，这是后话了。

夏去冬来，还是在这年的11月，郑孝胥的好友沈瑜庆来天津，招呼他一叙。此时郑孝胥已得重用，忙于公务抽不出身。第二天，他才去紫竹林见沈瑜庆，顺便也去看严复等几个应试的同乡。郑孝胥到严复住处，看到严复已是醉卧。科场失意这样的事，是没法安慰的。郑也不忍多说，只觉十一月的风已带着阵阵寒气，遂同友人一起返回自己的住处。

隔天，严复来找郑孝胥，郑孝胥也去紫竹林找严复。郑的到访，想必让严复心里好过很多。能在这样的时刻给予安慰的人，或许可以说是真正的知己了。

可怜严复在科场一直不走运。此后他又三次赴考，每次都灰头土脸地落榜了。1905年科举考试被废除，连考的机会都没有了。科考这件事折腾了严复多年，故事的结局是：1910年，朝廷赏他“文科进士”。严复特意写了一首诗，表达自己的淡定，并将诗作分示友人。

见证过严复落榜窘态的郑孝胥，一眼就看透了老友内心隐秘的喜悦。他写了一首诗《答严幾道》，毫不客气地点出，“严侯本武人，科举偶所慕”，历数严复交钱报捐同知、屡考屡败的事，“弃官更纳粟，被刖尝至屡”。据说郑孝胥为人一向自许过当，好为严刻之论，还真是如此啊。

严复似乎早已习惯郑的口气，他写了一首诗作答，说自己少日身贱，无奈入了海军，向往秋场得功名，谁知铅刀无一割。科考的失败真是严复平生大耻，永远的伤口。看得出来，在这件事上，严复显得自惭形秽，郑则一副凛然在上、教训人的姿态。

按照中国几千年科举取士的传统，富贵功名、地位高低都取决于是否上榜。郑是“官二代”，乡试解元，才智出众，加上郑素来“睥睨一世之气，冥心孤往之怀”，所以，在郑、严之间，郑始终是比较强势的一方。郑五十岁生日时，严复写诗说他风度翩翩桃李之姿，“惟公天所厚”。这一句，还真是道出了对“城中少年”的仰慕。郑本人也一直自我感觉良好，常常在日记中写下友人对他的赞誉，甚至还有算命先生的吹捧，比如：“平生所闻郑苏堪，以为老师宿儒，今见之，犹在盛年，使人惊怪不已。”“上海名人，惟郑苏堪尚有野性。”“相余曰：‘是功名之士而有生杀之权者也。’”郑孝胥在命运乖舛时可能怀疑过全世界，但从未怀疑过自己是第一流人物。他才高心野，自觉来到这世上，就是要建功立名。这也为他后来效力伪满政权埋下了祸根。

严复同样有功名之心，他四次赴考就是对官场的心热、神往。不单是严复和郑孝胥，当时还有一大批有才识的读书人，都慷慨怀大志，热肠愁浩劫，渴望手握重权，成就一番事业。郑孝胥更为极端，他一生都在奔竞仕途，四处游宦。独行无侣、与儿女多别离、舟车劳顿、昧爽即起、寻屋不得、天寒衣薄……这些具体的苦痛，最终都被济世之志、仕进的希望所化解。然而，不管是自命不凡的郑孝胥，还是想“为天下雨”的严复，他们都深觉挫败，多年奔忙后，空余一腔恨。严复和郑孝胥，一个感叹“四十不官拥皋比，男儿怀抱谁人知”，一个悲愤“三十不官宁有道，一生负气恐全非”；一个是“霸才无主悔蹉跎”，一个是“劳生折节空尔为”。郑孝胥感叹“严书满天下，身世尚相弃”，严复深深理解郑孝胥的“世已乱身将老长歌当哭莫知我哀”。两个才识卓然的人，身处同一个时代，时事多荆棘，有很多共同感受，视彼此为知己，互相珍重。

睽违良久也不影响他们的交情。1890年，郑孝胥给严复回了一封真挚的信，说严复于他而言，可不是什么泛泛之交，纵然山川相隔，也不会疏远。严复心里一定很安慰，许久没能见面的遗憾又算得了什么呢?

1898年，两人在京重逢。

这是一次意外的相聚。他们分别被保荐进京面圣，惊讶地发现对方也来了。久别重逢加上志趣相投，欣喜之情自不待言。两人单独夜谈，严复还把自己所写的《拟上皇帝书》给郑孝胥看，一向倨傲的郑孝胥也盛赞其文辞深隽。郑孝胥9月5日被皇帝召见，严复则在9月14日被召见，两个来自闽地、怀有远大抱负的才子，前后脚都踏进了乾清宫，与天颜咫尺相对。然而，他们还没来得及做些什么，短短七天之后，一场政变就掐灭了他们的共同期望，严复和郑孝胥先后黯然离京。

在严复离京的第二天夜里，已经入睡的郑孝胥听到一阵急促的敲门声，原来是林旭突然造访，他似乎已经预感到将要发生的事情。郑孝胥从床上披衣而起，和林旭谈了很久。9月28日，郑孝胥听仆人说，他在宣武门大街遇到囚车，第三车中押的就是林旭，林家仆人一边追着囚车跑一边哭。

林旭是闽人，沈瑜庆的长女婿。林旭遇难，对严、郑来说，于公于私都很难接受。两人心情都无法平复，都甘冒政治风险作诗哀悼。严复写了《哭林晚翠》，郑孝胥则写了《哀林暾谷》三诗。郑孝胥哀叹："书生自报君恩重，廿载头颅十日官。"

共同见证了维新变法的失败后，这对好友更加惺惺相惜。严复等人创办的《国闻报》，刊文致敬谭嗣同，并指斥朝政，郑孝胥知道后，很是为严复担心。

1905年11月，郑孝胥辞官闲居在沪，刚好严复这个阶段大部分时间也都待在上海。没有了山川之隔，两人常常相聚，频频午饭、夜宴、邀饮、酬诗，甚至还一起寻花。在郑的日记里，不是"过严又陵"，就是"严又陵来"。在政治追求上，他们更趋一致，积极投身立宪运动，郑为预备立宪公会会长，严复则应邀发表演说、撰写文章，积极倡导。清政府欲实行新政，1906年两人又同时被学部奏派为头等谘议官。

不管怎么说，郑孝胥是一个很特别的人。他心高气傲，喜恶分明；不食鸡鸭，特别厌恶鸦片，看到人家吸烟必引身遥坐，连坐对榻都不肯；喜欢花卉，特别是樱花。1909年，郑在临近自己五十岁生日时，置下海藏楼。楼刚收拾好，他就邀请严复一同过去赏樱花。那天，有一株花是浅绿色的，优雅极了，暗香浮动。为了给郑孝胥过生日，严复等人早早地在愚园订了位置。生日那天，来了不少人，很是热闹。严复特别有心，作诗奉祝。两人1885年相识，至此已有二十四年交情。严复犹记得，当年初见时彼此都有一双明亮的眼睛，也记得，两人都曾走进乾清宫接受皇帝的召见。岁月悠悠，此时郑乞归已三载，但在严复心中，郑依旧是才华一流，大业可待。

两人的友谊也很好理解，他们身上有很多共同点，才华出众、渴盼成就事功，如果生在太平时代，真的双双成了封疆大吏也很难说。但是，在晚清的飘摇风雨中，他们为时代所裹挟，经历了咸丰、同治、光绪三朝后，又迎来宣统元年，他们都在对方身上看到了一颗疲惫、受伤的士子之心。

在国体问题上，严复和郑孝胥观点也是一致，都支持君主立宪，反对民主共和。严复自始至终认为中国民智未开，远未到可以民主共和的程度。后来南下议和时，他也不剪辫，以示对共和的反对。郑孝胥更是认为革命党人是干名犯义、丧心昧良。武昌起义后，严复有天去找郑孝胥，他们交谈了很久，都对南方那些支持革命的士人非常失望，郑孝胥直接说他们不值一钱。

革命党人也不待见海藏楼中的郑孝胥。他们投书，说三天后来杀他。郑接连几天惴惴不安，夜里无法入眠。到了说好的日子，郑夜起，巡查，只看见天空一轮明月，分外皎洁。杀他的人没来，这真是一次令人如释重负的爽约。

也是在这时候，郑从报纸上看到，严复等人皆奔北而去，投入袁世凯麾下。

对此，郑孝胥并没有多想。那时，朝廷和保皇党人都把希望寄托在袁世凯身上。郑孝胥亦对袁世凯抱有幻想，希望他始终尽人臣之义，匡扶清室。

时局却一天天令人心寒。1912年2月17日，除夕夜，郑孝胥和几位好友一起吃年夜饭，饭后各自散去。夜里，郑孝胥一边听着外面震天的爆竹声，一边将宣统帝的逊位诏书抄写进日记里，满腔悲怆。大清二百六十八年，至此夕而毕。

在这个历史节点上，郑严之间的友谊也发生了变化。1912年5月，郑孝胥托去北京的朋友，代为问候严复。直到12月10日，郑孝胥还为严复写了两首五律诗，亲自送到严复的长子那儿，祝贺严复的六十岁生日。两人的断绝往来似乎也就是从这时开始的，至1917年，郑的日记里只字未提严复。

严复始终在意郑孝胥。1914年3月5日，绵绵细雨中，严复给郑孝胥寄了一首诗，写道："江南一别今三载，书到樱花想未开。"一别三年，音信杳无，依然记得几年前的四月天，海藏楼共赏樱花。还有一首诗写道："相看六年别，白了几茎须。……殷勤二十字，为寄万重心。"严复如此情真意切，也没能打动执拗的郑孝胥。郑孝胥对他嗤之以鼻，在他看来，一个没有名节的人，从此休跟我提什么霸业。严复理解郑孝胥心中的节义、忠君与爱国之不可分，所以他仍十分珍重郑孝胥。长达六年的时间里，一个是漠然不作任何回应，一个是不断地赠诗、写信，表达脉脉之意。直到1918年1月，严复终于得到一丝回应。郑孝胥作《答严幾道》二绝，说："群盗如毛国若狂，佳人作贼亦寻常。六年不答东华字，惭愧清诗到海藏。"又说："湘水才人老失身，桐城学者拜车尘。侯官严叟颓唐甚，可是遗山一辈人？"要么不回只言片语，要么一回就是这么犀利嘲讽的口气，还一下写两首，可见郑孝胥情绪反应很激烈。1918年冬天，严复在三子的陪伴下，回到上海，几位昔日老友赶来相聚，一起吃个晚饭。严复没有盼来郑孝胥的身影，他黯然心伤，还要替郑孝胥开脱：想来他还是那么高洁，以我为污啊。毕竟深交过，严复猜得没错，郑孝胥那天并无甚事，去访友，还接待了前来求字的人，就是不想去跟严复吃这顿饭，用郑的原话说，就是"辞之"。时过境迁，彼此都已垂垂老矣，郑孝胥还是不肯原谅严复。

在郑孝胥看来，袁世凯受国厚恩，还躬行篡夺，假共和之名，实则盗天下。严复当年没有守住人臣的名节，依附袁世凯，做了"佳贼"。袁世凯后来登基，严复还列名筹安会，这在郑孝胥眼里，是多么大逆不道。

正是袁世凯和革命党人毁了大清，这是君父之仇啊，不共戴天，乱臣贼子，人人得而诛之。

但在严复看来，事情完全不是郑孝胥想的那样。他与袁世凯私交不错，并且十分敬服袁世凯，认为他文足定倾，武足戡乱，就任大总统，简直是天人与归。新旧两派之中，最有资格当元首的，也就一个袁世凯了。大清已经没了，再让袁下台，只会又一次铸成大错。袁世凯在，中国就能继续定于专制，天下太平。还有什么比天下太平、国泰民安更重要的呢？1916年6月6日，严复在日记中写道："巳时，洹上薨。"当天，他在写给熊纯如的信中，悲叹袁世凯之败是吾国厄运，从此国事思之芒背。郑孝胥的日记自然也少不了要记下这件事，只不过口气与严复全然不同，郑冷冷地写道："袁世凯病死。"

袁世凯去世，严复的济世梦成一场空，他变得十分失落，踉踉跄跄回到福州郎官巷。郑孝胥则干脆直接扬言"吾与民国乃敌国也"。他寄身海藏楼，却眼观八方，一心还幻想复辟，恢复帝制。严复也不反对复辟，天下局势已然如此，纷乱、无主、民不聊生，或许只有复辟才能让家国获得一线生机啊。

共同的家国旧梦，让他们再次相聚。

1919年5月，返乡后曾在郎官巷病发几殆的严复，再次外出，到上海治病。刚到上海，落脚客栈，郑孝胥就来看他。断了多年的交情一旦续上，他们又恢复了当年的频繁往来。这个时期，严复身体衰病，常常是郑孝胥跑来找他，今天来，第二日复来。有时交谈很久，有时沉默对坐。三十多年，分分合合，现在大家都老了，一个眼神对望，就令人感怅良多。

两个人谈得最多的，是关于复辟。

严复当然是希望能恢复帝制，但他还是冷静的，看到复辟的危险和不可能。他虽然不赞成共和，但不得不承认，民主共和已成事实。郑孝胥则不同，炽热的愿望蒙蔽了他，让他完全丧失洞察力，最终这成为他逃不过的劫。那是严复去世后的事了。即便严复在世，他也不能理解郑孝胥在这个问题上的执着。郑孝胥毕竟是在衣锦坊长大的，出身官宦之家，自清室破败，就自觉有一种天赋使命——拥君复辟。这是他余生的唯一心志。1914年，郑孝胥与康有为频繁接触，商量复辟之事。1917年，张勋策划复辟，还催促郑孝胥等一帮遗老迅速入京，预备召见。得此消息，沈瑜庆开心地带了几个好菜来，大家提前举杯庆祝。可惜两天后，复辟之举就宣告失败。刚被点燃希望的郑孝胥深深觉得被戏弄了，又气愤又悲凉，把错都怪到张勋头上：辱我幼主，羞当世之士，哀哉。1919年，严复对郑孝胥说，从今以后就是民主共和的天下，复辟这件事，恐怕只是个虚望而已。这对郑孝胥而言，简直是致命的，沉迷于幻梦中的人如何受得了这样当头一棒，心中恼火自不待言，往日怨恨又涌了上来。两人的友情再次崩塌，几乎又断了往来。1921年，严复去世的消息传来，郑孝胥不作任何感伤之词，仅提笔写下一副挽联。就这样，三十六年的交情，最终只落笔二十二个字："诸夏兴衰，无怪《太元》杂符命；后生安放，从今河岳罢英灵。"还注明是吕季操代作。

这真是令人唏嘘不已。不由得想起他们曾经的密切过往，夜谈邀饮，寻芳载酒，频频相见都不嫌腻。特别是1909年前后，他们的友情一度相当甜蜜。郑孝胥五十岁那年开始留须，特意为此赋诗一首《留髭》，感叹为时所误，归隐三年，世态几变。严复很快写了一首《次韵苏堪留须》，呼应郑孝胥的顾影自怜，称赞他是嵇阮之流，出言犹如千珠散。郑孝胥见后，又写了《幾道见和留髭诗易韵答之》，一边说严复抬爱自己，一边也夸严复帽檐缀珠绝美。这真是相看两不厌。还没完，严复立刻又写了《苏堪易韵见答，再次其韵》。彼时情意流动，对方说什么做什么都是对的，风趣无边啊。

1923年8月17日，郑孝胥离开海藏楼，去了一趟北京。他预感自己的命运即将发生改变。12月29日，郑孝胥请人给他卜了一卦，问为人办一事，得手否？算命先生说："必得手。"两天后，郑孝胥收到陈宝琛写给他的密信，说主人上次见过郑孝胥后，极为倾倒，此番重任，舍郑孝胥外，无他人可信。郑孝胥随即回信，说这边收拾好后，立刻遵命北上。1924年1月8日，郑孝胥到京。两个月后，他成为溥仪的腹心，被特派为总理内务府大臣，加恩赏戴头品顶戴。再后来……再后来他头顶伪满洲国总理的帽子，遭尽唾骂。

陈宝琛说郑孝胥"一生为英气所误"，郑孝胥也仿佛自知似的，很早就自言"余生付劫灰，可怜心不死"。他一生为自己心中的功名、节义赴汤蹈火、锐气难挫，爱憎分明而强烈，最后却沦为名节不保之人，留下千古之恨，再也没能回到福州老家——衣锦坊。假若严复活着亲见郑的结局，不知该多么悲伤。

我去过几次衣锦坊洗银营，在郑宅前的青石路上徘徊，不得其门而入。有一次，碰见一妇人开门。她说，洗银营根本不是现在作家所写的那样，这里原本叫云梯里，不是青石路，而是田埂那样的土路，细细长长，两边植满荔枝树。郑家的人外出回来，总在“贞寿之门”的牌坊那下轿，再走进宅院。郑孝胥喜欢骑马，常常是策马奔过云梯里。东花厅后面就有一个很大的马厩，养着很多马。

我一边听她说话，一边仰望她家院中一株古老高大的芒果树。几粒熟透的芒果，兀自从高高的树上跌落下来。忽然有那么一瞬间，我意识到：过去的人物，有那么多故事不为人知。我曾试图站到衣锦坊来看郎官巷，以郑孝胥作为理解严复的一面镜子，但郑孝胥是一个多么难以接近的人。严复也是。郑、严之间的交往细节也是。我曾自以为捕捉到的那些情感，又有几分还原了历史的真实？

# 三

三坊七巷由三条坊和七条巷构成，自北向南分布，郎官巷位于东北端，光禄坊位于西南端。

光禄坊和严复扯不上什么关系，但是光禄坊曾住过一个人，在翻译成就上可与严复相提并论。这个人就是林纾，1852年在光禄坊出生，在此生活到9岁。

林纾并不懂外语。他本人也为此非常纠结，每每为自己的译作写个序或题个跋之类的，都要絮絮叨叨“纾不通西文”“纾本不能西文”“予不审西文”，实在是硬伤啊。在《〈撒克逊劫后英雄略〉序》中，林纾更是直接哀叹，自己已年老，不能像年轻人那样抱书请业，从头学习外语，翻译作品，只能靠耳听笔述，实在是平生之大不幸。林纾翻译作品，依靠朋友口译，他再笔述，一天合作四个小时，大约能写五六千字。林纾勤勉异常，终身不入仕，日以译书自娱，直到古稀之年，还坚持每天画画、译书、读书。有意思的是，恰恰因为不懂外语，林纾不受局限，和不同朋友合作，翻译了多国文学作品，所涉语种之多很少有翻译家能够达到。林纾自言，到1915年已译稿一百多种，小说为多。文学史称其为“林译小说”。就连轻易不夸人的郑孝胥，也称赞他“一篇每脱稿，举世皆俯首”。这和严译名著的影响力有得一拼。林纾自己略得意的一件事是，每年光是那些不相识的海内名流写给他的信，都有好几十封，可以放满一筐。

作为同时代的翻译大家，严复和林纾两人相识却较晚。早年彼此闻名而已，但各有自己的轨迹。1901年，林纾任职于北京五城学堂，与严复的长子严璩、族侄严君潜同宿舍，由此结识了严复。严复对林纾十分欣赏，在写给张元济的信中，赞叹林纾学有根底，豪爽恺悌，是真君子。因为林纾对张元济很敬佩，严复还半开玩笑地问张元济，何以能赢得此等人士之敬意？殊不知，林纾对严复亦是钦佩有加，1902年绘《尊疑译书图》送给严复，之后还作记，盛赞严复翻译《群学肄言》“立巨干而繁出其众枝”，于各种深奥学理中窥微取精，对诸名数之学有深造之功。“尊疑”是严复的号，一般人很少用到。

之后两人还一起共事，严复任京师大学堂译书局总办，林纾为译书局笔述。这应该是两人相聚最多的时期。但不到两年时间，1904年，严复就辞去译书局总办，决定离京。临行之际，在京十来位闽人相聚为他饯别。初春郊外，芦苇、垂柳渐长，明媚阳光洒在水面上，周围一片鹅黄、嫩绿，一群士人于江心亭中，交谈吟诗。如此美景、欢聚，可惜却是为别离而聚。严复有感于诸位之情，内心还暗涌一种怀才不遇、报国无门的愁绪。他写了一首《甲辰三月将出都即席呈同里诸君子》，里面就有那句出名的“可怜一卷茶花女，断尽支那荡子肠”。林纾读后，以惆怅的心情补画一幅《江亭饯别图》，并作记，力赞严复的才学声名，痛惜其离京。此后，二人虽不常见面，但书信不断。严复初任安徽高等学堂监督时，还对林纾讲，他一定要把这所学校办好。

1909年，严复回到北京，此后在日记里时不时提到林纾：琴南请客、晤林畏庐、琴南生日、琴南六十六……严复还曾在日记中的一页，特意记下几位好友的生日，其中之一就是：琴南九月廿七。严复六十岁生日时，林纾作诗《严幾道六十寿作此奉祝》，诗道："尊疑屏杜塞，讲学取宏邃。……所愿亲醇醪，君我同一醉。"依然是十年前作《尊疑译书图记》时的敬慕口气。

林纾出生于1852年，严复出生于1854年1月8日（咸丰三年癸丑十二月初十日），按农历算，林纾长严复一岁，且两人成长背景相仿，都出身贫寒，靠的是个人奋斗和天分。严复十四岁时丧父，一度与母亲、妹妹和妻子，一同挤在祖宅门侧的两个杂物间里，靠家人缝补浆洗，勉强维持生计。林纾虽出生于光禄坊玉尺山下，但那房子是他父亲用贩盐所蓄一千五百钱典来的，并非购置，林纾九岁那年房子即被半抢半赎回去。在林纾记忆中，五岁后，家里每月都有好几天揭不开锅。他母亲曾连夜缝旗，一边缝一边安慰饥饿的孩子们说，当夜缝好三旗，可以赚到四百文钱，明天家里人就可以吃顿饱饭了。林纾的父亲那时困在台湾，连回乡的盘缠也凑不出来，后来赚到钱，每月寄三十元回来，林纾才得以存些零钱，隔几天到城里淘旧书，经史子集，零星购买，五六年间，积攒了三橱书。好景不长，林纾十九岁时，父亲病逝，弟弟不久也死了。而林纾自幼清瘦，患有肺病，从十九岁到二十七岁，差不多十年里，一直在不断咯血。但是他对自己的病置之不理，不曾吃药，终日只是看书、画画，一天也不落下。他已经想好，就算明天要死，今天也要先读书画画再说。生活不易，以至于林纾后来过七十岁生日时，不无侥幸地自言："畏庐身世出寒微，颠顿居然到古稀。"

少时艰辛，在人心中是一份沉甸甸的回忆。1914年，林纾为友人周养庵画了一幅《篝灯纺织图》，题诗其上，并写下一篇挺长的《周养庵篝灯纺织图记》。在林纾的记忆中，横山老屋，古树几株，每到夜里，窗外，微弱的星光中，猫头鹰时而啼叫；屋里暖黄灯光下，母亲和阿姐在刺绣，林纾则在看书。当时不以为然，事后想来，情景历历，真是令人感伤。严复对此类情景亦有刻骨铭心的记忆，他见此图后，内心波澜起伏，作诗《为周养庵题篝灯纺织图》："富贵生死间，饱阅亲知态。……五更寡妇哭，闻者隳心肺。"

从这样的境地中，严复和林纾最终都走出来了。1898年，两人皆是四十来岁的盛年，一个出版《天演论》，一个出版《巴黎茶花女遗事》。他们能从事翻译，又都和福建海军有关。严复自不待言，毕业于马尾船政学堂，被公派留学英国，本身就是一个地道的海军中人。林纾的翻译起初还颇有些玩闹的成分，几位好友泛舟马江散心，林纾为王守昌所讲述的小说故事深深打动，魏瀚便鼓动林纾将它译出。王寿昌和魏瀚懂法语，是因为他们毕业于马尾船政学堂，留学法国回来。据说林纾当下还不肯，提出一个有点幼稚的要求，说要请他游鼓山才可以。一部中国翻译史上里程碑式的译作，居然开始于如此偶然的心情，倒也符合林纾浪漫文人的行事做派。

林纾是长情之人。他翻译《巴黎茶花女遗事》，曾三次掷笔，译不下去，待哭完才继续。他在《冷红生传》中，先是自谦"家贫而貌寝，且木强多怒"，末了还是忍不住，自得地说，《巴黎茶花女遗事》如此凄婉有情致，可见自己表面木强，内心深情。林纾远离官场，生活节制，"画楼宁负美人恩"，把对人世饱满、深邃的情感倾注到译著上，译到佳妙处，则大笑，至悲惨处，哽咽几不能着笔。这也可以解释林纾在翻译上的勤勉，不仅是为稻粱谋，也是寄情之所。长期接触各国文学作品，区别其文章流派，对林纾来说，就像辨别屋外家人的脚步声，不需用眼，了然于心。林纾亦有自己独到的小说观。他最喜欢英国作家狄更斯，作品首推《大卫·科波菲尔》。他亦十分推崇《伊索寓言》，为《伊索寓言》配了一百三十则的跋语，其中有不少精辟之语，倒是比译作更能直接表达林纾的喜恶。

在林纾自己看来，他所译小说中，最悲情的还不是《巴黎茶花女遗事》，而是《黑奴吁天录》（今译《汤姆叔叔的小屋》）。1901年，在这部译作的序和跋中，林纾表达了翻译此作的心意：华工在外受虐，或甚于黑人，他希望借此书为大众一号，警醒国人，振作志气，爱国保种。事实上，林纾频频在译作中表达这样的情怀。译《伊索寓言》时，他痛心于华人受虐，同胞犹在梦中，呼吁国人当此深涧在前、猛虎在后之际，千万要自立自强，不要为奴为驴。译《剑底鸳鸯》《鬼山狼侠传》等作品，则希望天下尚武，一改倦敝，人人振奋精神，以国耻争，为吾国光。译《爱国二童子传》，更是“泣血以告天下之学生，请治实业自振”。可见，林纾是将自己的一腔经世情怀，寄托在译著中。1908年，在《〈不如归〉序》中，他对自己长期以来在序跋中的发挥，做了一番解释：

纾年已老，报国无日，故日为叫旦之鸡，冀吾同胞警醒，恒于小说序中摅其胸臆，非敢妄肆嗥吠，尚祈鉴我血诚。

可怜林纾一番苦心，恰恰严复也是如此。严复的翻译更为艰巨，他所译的都是西方深奥学术，一书之成不易也，犹如逆水推舟，用尽气力，进度甚少，还要三易其稿，一部书常常历时三五载方成，需要非凡的学识和毅力做支撑。如此劳心呕血，严复还能屏弃杂务，无数个深夜在灯下译书，为的就是输灌西学，救时救世。多译成几册书，就能让国人对西方有更多了解，也能使中国一些旧理尽废，所以严复一边感慨译事艰深，真不是一般人能承受的，一边以译书自课，想到书成之后对国人的影响，越译越得意。在给吴汝纶的信中，严复还提到郑侨的话："吾以救世也。"这话如今听来有些迂阔，但那就是严复的抱负，也是当时很多读书人的普遍情怀。

他们所涉领域却不同。林纾翻译外国文学，主要是小说，不比社科学术类作品的专业、精深。就连热爱小说的林纾也频频自嘲自贬，说自己才薄文劣，作品俚浅，仅作谈资而已。在当时的士大夫眼里，经世致用之书才是正道，小说可能还真入不了眼。其中一些小说叙写男女情事，更是容易被人视为轻薄。以至于林纾后来甚至说自己是降志辱身，哪里敢提什么救世的用心。相比之下，严复精选西方经典学术著作，开创性地引进西方诸学科，学术分量和社会影响都是毋庸置疑的。严复对自己在翻译上的专业，一直都是充满自信和骄傲的。他自始至终都认为翻译是“一人不朽之业在此，身后之名在此”。他写过一副气势恢宏的对联赠陈季同：

> 照古腾今，不朽之业；
> 穷理尽性，载道为文。

从这副对联，也可窥见严复是如何看待翻译的。他还自拟书房联语，更是格局壮阔、豪情满怀：

有王者兴，必来取法；
虽圣人起，不易吾言。

除共同投身翻译实践，严复和林纾还都曾经积极于维新变法。

世人多将林纾定格成一个清瘦、执拗、顽固的老人形象，却忽略林纾也曾是一个拦马上状、三次上书御史台、为维新奔走的血性青年。甲午之战，海军覆灭，林纾与友人当街抱头痛哭。1897年刊行的《闽中新乐府》，林纾借诗提倡改良社会。1898年，林纾在北京结识林旭，踊跃于维新变法。只是那年四月南下后，新娶的美娇娘阻滞他再度北上的脚步。可以说，林纾的命运，在这里拐了一个大弯。而那时，严复得以在乾清宫咫尺天颜，接受光绪皇帝的垂询。戊戌变法失败后，严复黯然离京，皇宫的气派礼仪还历历在目，同乡林旭却已成一具残尸。表面上看来，林纾与此次事件毫不相干，但他在精神上遭受了极大打击。他的弟子回忆说，有天半夜，林纾突然推门跑进屋，大声把人从床上喊起来，一边哽咽一边含糊地说着什么，而后泪流满面，哭声震瓦。原来林纾那晚刚刚得知六君子就义的消息。

当然，林纾和严复并非完全一致，他们对待官场的态度就截然相反。林纾看待严复也颇为复杂：一方面，他对严复的翻译成就、人品修养心怀敬慕，另一方面，又对严复的仕进之心不以为然。

林纾以自己一生不懂西文为大不幸，却以自己自少至老不曾为官为大幸。在给儿子的书信中，他屡屡提到“吾家累世农夫”，把安守布衣本分作为自己的人生信条，常常坐在自家书斋中，颇为侥幸地感叹，“傲骨原宜老布衣”“原来有味是能贫”。1901年，礼部侍郎郭春榆极力举荐林纾，林纾知道后，担心口头拒绝不够诚意，特意写了一篇《上郭春榆侍郎辞特科不赴书》，说自己行不加修，业益荒落，如果贪图功名利禄冒进，那就有负朝廷也有负郭侍郎。袁世凯拟请他为高等顾问，林纾拒之，拟聘他为硕学通儒，林纾说了一句令来人气噎的话：“将吾头去，此足不能履中华门也。”林纾能有这般气概，不由令人想起他年少时轻狂，带剑飘然穿行闹市的风采。

但林纾在1898年前，对官场可不是这般避之唯恐不及的态度。实际上，林纾1882年中举后，从1883年到1898年，十五年间曾七次入都赴礼部试，均不第而归。但是1898年后，他的心态发生了很大改变。

个中原因，说来复杂，有一点却不得不提：林纾对政治，怀有一种小心翼翼的恐惧。他在七十寿辰自寿诗中写道："宦情早淡岂无因，乱世诚难贡此身。"他在家书中一再告诫儿子，千万不要在书信中议论时事，就算是报纸上说的，也不要转述。林纾似乎从未忘记戊戌年那泛着寒光的屠刀，他谨记政坛的诡谲莫测，宁可卖画、卖文为生，过一种"先生种竹年年活"的生活，怡然自得，不为人屈。

相比林纾，严复更期待投身社会政治核心，发挥自己的学识，以有补于时，实现"为天下雨"的理想。早年他四次参加科考，期待功名。他认为自己一生最大不幸，就是科举失败，连个举人都考不上，可算是平生最大耻辱。后来严复从事翻译，也是为了救时，但著书立说与火热的现实生活毕竟有距离，徒有虚名而不能坐拥事权。

没有政治前途，终日困守书斋一隅，过一种夜夜灯下翻书的清冷生活，终究心有不甘。因此，严复时有情绪上的波动。他常自嘲，不见用于当世，无补于社会。晚年回望自己人生时，依然是对自己多苛责之语，自认为得天颇厚，却只有浮名满世，事功不足，无益国家。

其实严复的性情，也是不适合官场的。他骨子里是学者气度，即便身在京都，也一度闭门谢客，不群于人。只是寸心未死，总想着能为官做事。一番挣扎折腾，临到最后，才终于悟出“中国上流社会一无可为”。严复在政治上苦苦挣扎，至人生最后时刻，才终于醒悟，而林纾却早早看透，抽身而去。不知道两人在世时，会不会就入仕这个话题敞开心扉，又或者，彼此心存默契，避而不谈。严复去世后，林纾的儿子林琮在父亲指导下写作古文，曾作《严幾道先生传》。文章最后，林琮说：“二十年前海内称文章者，莫不曰严、林。”这早已是公论，没有什么好琢磨的，但接下来，林琮又写道：“家大人长（于）先生一岁。家大人性闲迈，（懒）淡于仕进。而先生则每思起跻朝列，出其才画，以匡建国家之弛紊。”括弧内是林纾修改的地方，这篇传记得到林纾的表扬和两元赏钱。

林纾同情严复为筹安会所累，为自己不曾自托富贵、蒙耻官场而庆幸不已，甚至心生些许隐秘的优越感，但他在晚年，照样也难逃是非。

1917年，六十五岁的林纾分别在天津《大公报》和上海《民国日报》上发表《论古文之不宜废》。1918年，林纾又先后发表文言小说《荆生》《妖梦》，还有著名的《致蔡鹤卿书》。这下，林纾成为新文化派众矢之的，针对他的反击和围剿滔滔不绝。

林纾对古文，即文言文的捍卫是有他的苦心的。他嗜书如命，四十以前无书不观，出门也随身带着《诗》《礼》《春秋左氏传》等，后来改为精读，曾八年读《汉书》，八年读《史记》等，一生不离书。他在译作《拊掌录》的跋语中，写过这样一段话：

> 吾中国百不如人，独文字一门，差足自立，今又以新名辞尽夺其故，是并文字而亦亡之矣。嗟夫！

时隔多年，依然能读到林纾的那份伤心。时人纷纷骂他顽固，他却依然坚持己见：

> 须知天下守旧之谈，不尽出之顽固，而太初风味，有令人寻觅不尽者。

林纾捍卫文言文的勇气，也与他性情中“侠”的一面有关。林纾年轻时或许是为改变瘦弱体质，曾练拳习剑，剑术如何不得而知，但他自谓“少年里社目狂生，被酒时时带剑行”，不是诗意的“剑”，而是真的佩剑。林纾一生轻财任侠，时时接济他人，侠气的故事很多，比如收养两位故友的孩子在家近十年，甘冒风险收留患猩红热病的亲戚，为友人料理丧事等。但凡有人乞米，林纾皆应。以至于林纾一生卖文卖画，居然没有积蓄，据说他的后事还是由门生出资的。这股侠气一直浸透在他的《技击余闻》中。在我看来，林纾的《技击余闻》就是很精彩的短篇武侠小说，侠、盗、高僧，个个身怀绝技，遭遇传奇，读来津津有味、热血沸腾。

带着这股侠气，林纾在新文化运动中跳将出来，成为焦点。林纾声嘶力竭地捍卫文言文，岂不知文言之不适于用，但他一再强调“然亦所以存国故耳”。弥留之际，口不能言，用手指在儿子掌中书：“古文万无灭亡之理，其勿怠尔修。”他为自己的信念奋不顾身，世人的笑骂又算得了什么呢？

在这件事上，严复的姿态也和林纾完全不同。严复性情更为静深。从他写给熊纯如的信来看，对白话文运动，严复也是持反对态度的，他甚至觉得白话文运动不过春鸟秋虫，一时聒噪而已，理都懒得理。林纾会去和他们争论，在严复看来，“亦可笑也”。

还有另外一件事，林纾同样做得执拗而热烈。林纾一生中，似乎总能把自己想做的事一直坚持下去，非常坚韧。七上春官，也就是七次赴礼部试，这件事林纾是不大提的，反正他后来也不想当官，但十谒崇陵则是林纾想藏也藏不住的，惹来笑骂纷纷。准确地说，是十一次。1913年4月12日，清明节后几天，六十二岁的林纾忽然只身来到易州梁格庄拜谒光绪陵墓。到了崇陵前，林纾因为自己不曾有过一官半职，不敢越礼进殿，只在殿门外跪拜。卫士眼见一名清瘦老人在这个尚未完工还是工地的地方哭得满脸涕泪，越认真想心里越怕。不过

①
②③

①郎官巷
②③郎官巷内
（摄影：陈秋蓉）

几个月后，他们就适应了。当年11月崇陵竣工，林纾又来拜谒，九顿首后，伏地失声而哭，卫士也为之动容。后来每年清明或光绪忌辰，林纾便来，守陵卫士可能都换了好几茬，哭陵的老人却不顾年迈体衰，风霜雨雪，一次又一次地到来。直到1922年，林纾七十岁，大概是实在走不动了，谒陵之行才告终止。林纾1913年第一次谒陵时，留宿梁格庄那夜，曾给儿子写信，说自己因为思念德宗皇帝，故特来谒陵，明天一早就回京。他还写信将此次谒陵经过告诉陈宝琛。此后每次谒陵归来，林纾都要作画或赋诗。外人笑他迂腐也好，骂他僭越也好，林纾只是坚持完成自己的仪式。他在《畏庐七十寿辰自寿诗》中提到自己谒陵这件事，还说："留得光宣真士气，任他地老与天荒。"老朽一个，悲痛无法言说，谁能阻止我？年年谒陵，为的是一伸犬马之情，略表爱恋故主之意，发泄一下内心效忠无门的遗憾。在一次又一次蹒跚走向崇陵时，在一次又一次花白头发触碰冰凉石阶时，在一次又一次泪眼望向明黄色龙纹帷帐时，林纾内心的看法越发清晰，也越觉悲凉：若不是戊戌年变法失败，若不是德宗皇帝被困瀛台，就不会是这个乱世。

我没有读到过严复对林纾谒陵的议论，但从两人晚年交往甚密来看，严复并不反感林纾此举。他们在晚年，有很多共通的情愫，心绪都很恶劣。其实，不只是严复，也不只是林纾，当时还有一大批的守旧精英，比如三坊七巷中的陈宝琛、沈瑜庆也都是。这群焦虑惊惶的老人也被统称为“遗老”。当时代发生惊天变局，当精神的支柱已塌，他们中有人退居故里，有人纵酒烂醉，有人冒雪谒陵，有人则以风烛残年赴长春进言上折，都有一种明知不可为的苍凉况味。陈宝琛说，“君臣义在难归老”；郑孝胥说，“吾与民国乃敌国也”；林纾说，“固与吾清相始终也”；严复说，“仆始终认为，中华国体自以君主为宜”。

谁也没能挽住历史的狂澜，时代毕竟还是那样向前了。归来的人归来了，“投老还乡卧小楼，身随残梦两悠悠”。往事皆前尘，黄昏时分，严复坐在郎官巷宅子的花园里，看夕阳无声地将余晖洒在坊巷中，那些动荡的、激昂的、悲凉的、熠熠生辉的、伤心无穷的一幕幕也慢慢褪去，最后只剩下平静的、微凉的目光。他对着空阔的天、层叠的云，喃喃道：“天意高难问，但乞一字安。”

严复自觉病深。1921年10月3日，在福州郎官巷花厅的二楼房中，严复提笔写下遗嘱，第一条便是：“须知中国不灭，旧法可损益，必不可叛。”他的身后，还挂着那幅字：“有王者兴，必来取法；虽圣人起，不易吾言。”

10月27日，几位老友在京相聚，为林纾过生日。林纾还收到严复提前写好送来的祝寿诗。

同一天，严复在福州郎官巷去世。

# 参考书目

汪征鲁、方宝川、马勇主编，2014，《严复全集》（全十一卷），福建教育出版社。

皮后锋，2013，《严复大传》，福建人民出版社。

黄克武，2012，《惟适之安——严复与近代中国的文化转型》，社会科学文献出版社。

王岗峰编著，2016，《严复——中国近代思想文化史上里程碑式的巨人》，福建人民出版社。

王亚玲、唐希编著，2003，《严复与严复故居——中国福州严复故居纪念馆》，香港人民出版社。

林怡，2015，《闽学脉——从朱熹到严复》，海峡文艺出版社。

陈悦，2016，《船政史》（上、下），福建人民出版社。

姜鸣，2012，《龙旗飘扬的舰队——中国近代海军兴衰史》（增订本），生活·读书·新知三联书店。

姜鸣，2006，《天公不语对枯棋——晚清的政局和人物》，生活·读书·新知三联书店。

杨国强，2008，《义理和事功之间的徊徨：曾国藩、李鸿章及其时代》，生活·读书·新知三联书店。

杨国强，2014，《衰世与西法——晚清中国的旧邦新命和社会脱榫》，中华书局。

杨国强，2017，《晚清的士人与世相》（增订本），生活·读书·新知三联书店。

茅海建，2014，《戊戌变法的另面——“张之洞档案”阅读笔记》，上海古籍出版社。

中国国家博物馆编，劳祖德整理，1993，《郑孝胥日记》（全五册），中华书局。

郑孝胥，2013，《海藏楼诗集》（增订本，上、下），上海古籍出版社。

陈宝琛，2006，《沧趣楼诗文集》（上、下），上海古籍出版社。

张旭、车树昇、龚任界编著，2017，《陈宝琛年谱》，福建人民出版社。

林纾，1925，《畏庐诗存》（上下卷），商务印书馆。

林纾著，林薇选编，1998，《畏庐小品》，北京出版社。

林纾著，王红军校注，2013，《畏庐琐记》，漓江出版社。

林纾著，夏晓虹、包立民编注，2016，《林纾家书》，商务印书馆。

林纾著，曾宪辉选注，1990，《林纾诗文选》，华东师范大学出版社。

张俊才、王勇，2012，《顽固非尽守旧也：晚年林纾的困惑与坚守》，山西人民出版社。

# 站在星空之下

我读过《三联生活周刊》先后两期的“中国群星闪耀时”专题，对清末民初的许多重要人物印象深刻。挤进历史圣殿的人果然不简单，隔着百年时空，依然能感受到他们的一等风流、星光熠熠。那种才情与抱负的燃烧，危局中的突破与坚守，命运的无数个偶然或定数，乃至声名赫赫后的寂寞老去，既令人震撼，又有一丝莫名的苍凉。

严复，即是其一。

走近严复，于我，的确是一次意外。如此一位思想家，精神世界的宏阔、深邃、层次，远远超出我的想象。在阳岐村，在马江畔，在郎官巷，在严复的日记、书信、政论中，我一次次印证自己的这种惴惴不安。时日绵长，三年过去，我甚至怀疑自己写不完这本书了。最记得一个夏季午后，天黑，暴雨，雨打在青石板上，雨打在芭蕉叶上。我端坐书桌边，透过层层叠叠的书籍，透过木窗，冷冷地看着这场雨，看出雨珠一滴滴的狠劲。我舍不得动，继续伏案，只是心里闪过一个念头，待完成书稿，我定要好好地淋一场雨。

大概很难再有这样的极限体验，竟渴慕起雨珠的气力。那些写作时分，愿意看见的人，或许只有送外卖的小哥。我掉进了时空隧道，固执，幼稚，野心勃勃，想要用细小的碎片描摹一段历史，还原出一个人物的活色。

这样辛苦，为什么要写？有次和朋友聊天，我说，尚书公陈文龙是莆田籍的，朋友就笑了，严复为其修庙，你来写严复，看来也算是一种呼应。这当然是戏言了。但我不会再去想自己为什么要写严复。我回到百年前，跟在严复身后，见他声光动天下，见他咫尺对圣颜，见他在夏日如年中译书，甚至听见他深夜的咳喘，最后再一起踉跄回故里。我很庆幸，以这本书作为我拿出来的第一本书，作为我漫长写作的开始。我也很庆幸，似乎学会了一些绝世武功，比如如何接近一道光，而不被灼伤，比如，要如何拥有你自己的光芒。

写这篇后记时，我特意又回了一趟郎官巷。严家花园中有一株石榴树。又是一年立夏，石榴花开，甚是喜气。几位游客在严复的资料前流连或随意看看。以往这种时候，我总想走上前去，对他们说："我来跟你们讲，严复是这样的噢！"然而，我惊讶地发现，关于严复，此时，我已经说不出太多，唯有那一树的繁盛、朱红，映在眼中。

恰如站在星空之下，万千心绪竟至无言。

陈美者

2019年5月26日